HFA
考えすぎる私のあり方

自分とのつながりを確立し、自信を取り戻す

High-Functioning Anxiety
A 5-Step Guide to Calming the Inner Panic and Thriving

ラリタ・スグラニ 著
Dr. Lalitaa Suglani
井上 大剛 訳

癒やしとは光と影のはざまで自分を許し、覚悟を決めること。
そして再生とは、バラバラになったかけらをつなぎ合わせて、
自分という絵を完成させること。

目次

CONTENTS

パート2 ラーニング

ステップ3 Step 3 自分との絆を確立し、恐怖を乗り越える

目次

イントロダクション

自分の影と向き合おう。ついにそう決意した瞬間のことを、私はいまでも覚えている。イギリスへの移民の2世であり、マイノリティとして生まれ育った私のアイデンティティは、気づけば2つの文化のはざまで引き裂かれていた。そのせいで人生は大きな影響を受け、目の前の状況になんとか適応しようとしているうちに、「高機能不安症」——いわゆるHFAを発症した。大人になるころには、心の中ではいつもオドオドするのが当たり前になっていて、それを隠そうとするあまり、普段からまるで気持ちに余裕がなかった。

きっと自分は何かが根本的におかしいのだろうと思っていたし、そうした内なる自己批判の声が大きくなるにつれて、鏡を見るのすらつらくなった。要は、そうした形でしか自分の気持ちに折り合いをつけられなかったわけだが、いまになってみると、まったく不健全なやり方だったと思う。だが、当時は何が起きているのかわかっていなかった。自分のことを愚かで哀れな人間だと思っていたが、それを誰にも知られたくなかったので、取り繕うためにはなんでもした。

こうした問題に対する私なりの〝解決策〟は、〝成功〟することだった。きっと、人としての軸がなく、周りの人たちと意味のあるつながりを持てないからこそ、そのような発想になったのだろう。しかも、あらゆることにうんざりしながらも、ほかに道はないと思い込んでいた。誰かに助けを求めるのは怖かった。心の中がめちゃくちゃであるということを、誰にも知られたくなかったからだ。何年ものあいだ、私は自分の中のある部分を避けようと戦いを続けたが、たとえ何をしようと、最後にはそれがいつも表面に浮かび上がってきて、闇の中から光の当たる場所に引きずり出さざるをえなくなった。だが、そのときに気づいたことが、その後の私の人生を変えたのだ。

高機能不安症（ＨＦＡ）とは何か？

さて、本題に入る前に、高機能不安症――本書ではＨＦＡ（high-functioning anxiety）と呼ぶものについて、ひとつはっきりさせておこう。これは、いわゆる「抑制不安障害（debilitating anxiety）」と呼ばれる、仕事をしたり、普段の生活を送ったり、人間関係を維持したりすることすらできなくなるような強い不安とは別物だ。私をはじめＨＦＡを持っている人々は、内面では不安の症状が起きているものの、外見上は問題なく生活を送れている。つまり、自分自身が問題ないと思っている部分を世間に見せつつ、〝本当の姿〟――不安を抱えた、人には見せたくない部分――を隠しているのだ。

ちなみに、アメリカ国立精神衛生研究所の推定では、アメリカの成人の31%が人生のどこかで不安障害を経験しており、イギリスでは2022年から2023年にかけて、女性の約37%、男性の約30%が高いレベルの不安を訴えているとされる。

じつのところ、こうした人々のうちのかなりの割合が、現在進行形でHFAに苦しんでいる可能性が高いわけだが、それでもHFAはいまのところ不安障害とは認められていない。理由は、HFAを持つ人は日常生活をそれなりにうまく送れているとされているからだ。だがHFAの影響が強くなれば、生活の質が落ち、強い孤独感や疎外感にさいなまれる可能性もある。

HFAは、自分が「とるに足りない、不完全な存在」であるという気持ちに根ざしている。HFAの人は、はた目には有能で成功者のように見えることも多いが、内心では強い不安や自己不信を感じ、失敗の恐怖におびえている。結果として、信じられないほど高い基準を自分に課し、人生のあらゆる面で常に完璧を目指そうとしがちだ。何かを成し遂げるために常に動き回りつつ、ほかのみながうまくやっているかどうかを確認する役回りを積極的に引き受ける。だから一見、なんでもこなせる、強くて自制心の強い人間に見える。だが心の中では、ほかの人には見えない別のストーリーが渦巻いているのだ。

自分が〝とるに足りない存在である〟という恐怖に駆り立てられて、HFAの人は、外からの評価を得ることで自分の価値を証明すべく、大きすぎる成功や卓越した能力を求める。批判を恐れ、誰かの申し出を断ったり、失望させたりすることを避けようとする。それこそが他者から受け入れられ、愛されるための唯一の方法だと信じているからだ。しかし、すでに成果を挙げているにもかかわらず、「物足りない、基準に達していない」という気持ちを抱いてしまう。心の奥底で、自分はどこかおかしいと思っている。この〝自分は不完全である〟という恐怖のせいで、常にストレスや不安を感じ、働きすぎや考えすぎ、あるいは自己批判のループにおちいってしまうこともある。

私が心理学者として発見した、興味深い、しかし不可解な事実のひとつ。それは、これまでに出会ったHFAの人の多くが、HFAという概念は理解しているものの、その原因についてはあまり自覚がないということだ。実際、彼らは自分の人生について、「十分に価値を感じている」と答えることも多い。

だがここで重要なのは、たとえ本人が、自信があり、満ち足りた大人であることを自認していたとしても、それをもって、恐怖に駆り立てられた行動をとっていない証拠にはならないことだ。単純に自分ではそれが見えていないだけにすぎない可能性がある。じつのところ、根本的な問題は潜在意識の奥深くに潜んでいるというのに、私たちは自己認識の表面だけをひっかいている場合があまりに多い。そこで本書では、あなたが心の奥底に潜り、〝本当の自分〟を見つけて、それを受け入れるためのお手伝いをしたい。

これを聞いて、「いまのままでも幸せなのに、なぜそんなことをしなければならないのか」と思う人もいるかもしれない。それに対しては、「HFAは私たちが本当の意味で充実した人生を送るのを邪魔するからです」と答えよう。HFAの人は、自分の見せたくない部分を世間から隠すことで、自らの可能性に枠をはめ、冒険をしなくなる。HFAの根っこには、他人に〝本当の自分〟を見られることに対する恐怖がある。だが、こうした〝内なる戦い〟の相手は、つまるところ他人ではなく自分自身なのだ。

そしてHFAの人は結局、常に不安を押し殺して生きていることに嫌気がさしてしまう。自分の経験からも言えることだが、これは孤独で、うんざりするような状態だ。そこまできてはじめて、私たちは気づく――もう自分の不安の原因に目を向けるしか道はないことに。さらにその原因が、まさに自分たちがこれまでの人生で避けようとし続けてきたものであることにも。

自分の価値を認める

概して、間違いを認めることはとても難しい。だが、前に進む唯一の道は、問題から目を背けたり、ひねくれた考え方で傷つかないように予防線を張ったりするのではなく、自分に素直になることだ。これは最初はいばらの道に見えるかもしれない。だが、不安を抱えたまま生きるよりずっといい。腹をくくって、〝本物の自分〟になるときがきたのだ。

雨が大地を清め、新たな芽吹きをもたらすように、これからあなたが目の当たりにする挑戦には、魂を浄化し、進むべき道を照らす力がある。闇の中にこそ、成長と変革のチャンスがある。激しい嵐にさらされるかもしれないが、そのなかであなたはあるべき姿へと変わっていく。風がおさまったとき、より強くて賢い、〝本物の自分〟になっていることを信じて、このプロセスに身をゆだねよう。

もちろん、これは簡単ではない。己とまっすぐに向き合い、自分の気持ちに正直になるための〝課題〟をこなさなければならない。お手軽な解決策はない。なんせ、生き方を変えなければならないのだから。だが、取り組むべき価値はあるので、信じてほしい。あなたは、さなぎの中でさまざまな変化を経験するイモムシのように、自分自身と向き合う時間を過ごしながら心の深いところで新たな変化への準備をする。

私は、内なる声の自己批判に悩む人が減り、みなが自分の価値を信じられるようになればいいと思っている。そして、実際にともに過ごした人々がこのプロセスを経験するのを目の当たりにして、その効果に驚いた。一度、自分自身の考え方をしっかりと理解すると、すべてが変わるのだ。人生の道を歩むというのは、他人のために自分を取り繕うことではない。自分自身に愛を持って接し、あるがままに生きていけるようになることだ。

私たちはしばしば、自分には何かが欠けていて、求められる基準に達していないと思い込んでしまう。だがそれは罠だ。本当は、ありのままの姿で十分なのだ。

私たちの本質的な価値は、目に見える成果や外からの評価、そして他者との比較によって決定されるものではない。人は誰でもそれぞれ独自の個性や強み、才能を持っている。だから私たちはそのままで、愛され、受け入れられる資格があるのだ。

本書の効用

己の価値を認められれば、自分を思いやり、受け入れ、穏やかな心を手に入れることができる。ありのままの姿の良さがわかれば、常に完璧を目指して苦労し続けるのではなく、優しさと愛を持って本当の自分を受け入れられる。すでに自分は素晴らしい存在であり、そのままで十分なのだと思えば、すべてが変わるのだ。

だから私は、本書を書いた。ＨＦＡによって引き起こされるパニックを鎮め、心のバランスを取り戻し、成功を収めるために必要な、気づきと知識と道具をみなさんに提供したいという思いで。だからまずはＨＦＡとは何かを明確にしたうえで、その症状や普段の生活に表れる特有の行動パターンの見極め方を説明しよう。そのうえで、新たに人生を捉え直すお手伝いをしようと思う。

本書で私が提唱する方法は、効果が実証済みの、心理学にもとづいたものであり、そこには実践的な訓練やテクニック、振り返りのための質問なども含まれている。この方法を使って、自分の内に秘めた強さや回復力を引き出して、恐怖に立ち向かい、不安を克服してほしい。きっとできるはずだ。すでに成功は手の届くところにあるし、あなたにはその資格があるのだから。

目の前の枠を乗り越えて、自分の可能性を広げる準備はいいだろうか。

5つのステップの紹介

本書ではＨＦＡに対処するための5つのステップを、2つのパートに分けて解説していく。パート1の「アンラーニング(Unlearning)」は、ステップ1と2で構成される。私は、クライアントにＨＦＡ克服のプロセスを体験させるとき、まずは実際にＨＦＡであるということをしっかりと自覚してもらったうえで、なぜそうなったのかを理解させる。この理解がなければ、問題の根本的な原因である恐怖を取り除くことはできず、単なる対症療法に終わってしまうからだ。よってこのアンラーニングのパートでは、自覚を促し、恐怖の出どころをはっきりさせたうえで、恐怖が原因で起こっている行動を取り除く作業を行う。

パート2の「ラーニング(Learning)」は、ステップ3からステップ5で構成される。ここでは自分とのつながりの取り戻し方を説明する。さらにその過程で、HFAに関連して生じる繊細さへの対処法や、自分を信じて、思いやりを持つための方法を学んでもらう。

それでは以下に、5つのステップの概要を示そう。

ステップ1　発見(Discover)

己の思考や行動のパターンを自覚し、〝隠れた自分〟のベールをはぎとる

HFAについて深く知ることで、そもそもそれがどのようなものでどこから来るのか、そして、主にどのような行動パターンとして表れるのかを明らかにする。

ステップ2　解読(Decode)

自覚したパターンを読み解き、隠れた思い込みを明らかにして、影に向き合う

自分の行動を深掘りしてパターンをはっきりと特定し、原因をつきとめて、これまでなぜそのように生きてきたのかを理解する。

ステップ3　発展（Develop）

自分との絆を確立し、恐怖を乗り越える

恐怖や不安、自己不信に対処するためのツールを広く取りあげる。

ステップ4　受容（Embrace）

自分の繊細さを受け入れ、自信を取り戻す

自分を守るための適切な境界線の引き方を身につけて、ＨＦＡによる〝繊細さ〟をうまくコントロールする。

ステップ5　解放（Unleash）

自分への思いやりを解放する

自分自身に優しく接するための方法を学び、〝12の力〟の助けを借りて、より良い人生への道を見つける。

また本書には、私自身のＨＦＡの経験や、長年にわたってセラピールームでクライアントと接するなかで得てきた知見をもとに、HFA特有の行動を示す例として、多くのケーススタディを載せている(もちろんプライバシー保護のため、人名やエピソードの詳細は実際とは異なる)。本書を通じて、過去への向き合い方や、その過去が現在にどう影響しているかを理解してより充実した有意義な未来をつくるための方法を学んでほしい。

私は幸運にも、最終的には、自分の闇や不安と安心して向き合える場所を提供してくれるセラピストに出会うことができた。自分の行動パターンを把握しはじめ、物事が見えてきたときの気持ちはいまでも覚えている。本当の意味で心を開き、自分自身を信じて人生を送れるようになる。それは素晴らしい感覚であり、心は穏やかになっていった。また、たとえくじけそうなときでも、なぜ自分がそうした状態におちいっているのかが自覚できるようになった。私の人生の本当の旅は、そこからはじまったのだ。

本書を手に取ることで、きっと、あなたの旅もはじまるはずだ。

パート1

アンラーニング

STEP 1

己の思考や行動のパターンを自覚し、〝隠れた自分〟のベールをはぎとる

あなたは普段、「自分はダメだ」「なんてバカなんだ」「情けない」などと思うことがどれくらいあるだろう？　あるいはそうした考えを、自虐的に振る舞ったり、自滅するような行動によって表に出してしまうことは？　はっきりした理由もわからないままに、とにかく自分はどこかおかしいと思い込んではいないか？　そして、そのようなパターンを延々と繰り返すことで、そのたびに気分が落ち込んでいるのでは？

ちなみに私はセラピーに通い出すまで、自分がこうした行動パターンのループにとらわれていることに気づかないままに人生を送っていた。それまでは、常に〝強い人間〟として振る舞っていたのだ――周囲に気を配り、ほかの人のニーズを優先しつつ、なんでもうまくこなせる人間と

して。そう。誰も本当の私を知らなかった。しかし結局は、こうした生き方に疲れきってしまうことになる。

ある日私は、それまでずっと続けてきた、その場しのぎのやり方がもう通じないことに気がついた。疲れ果ててイライラしていたし、なんだか情けなくてやりきれなかった。助けが欲しかった。だからといって、誰のことも信頼していなかったので、心のうちを明かせるような相手はいない。誰かの邪魔をしたり、お荷物になったりするのが怖かった。他人にどう思われるのかビクビクしていたのだ。何をすればいいのか、どうすればこの最悪の状態を乗りきれるのか、まるでわからなかった。ただただ、すべてを終わりにしたかった……。

だが、セラピーがはじまると、いやでも自分自身に向き合わざるをえなくなる。スポットライトがしっかりと自分に当たっているので逃げようがない。そしてそこで、自己嫌悪と恥ずかしさが心の奥底にあるのを知った。それこそが、長年にわたって抱えてきた重荷だった。

私は自分の一部――恥ずかしくてほかの人には見られたくないと思ってきた部分――を無意識のうちに切り捨ててきたのだ。自分にとってベストな生き方ができていなかった。自分の価値に満足できたことが一度もなく、常に誰かを喜ばせて、周りの人が望むような人間になることで、なんとか存在を認めてもらおうとしていた。

〝自分自身との関係〟はうまくいっておらず、ひどい状態だった。自覚もないままに、私は自分をいじめていた。他人に拒絶されることを恐れて生きているという自覚がなかった。そして何よりも、ほかならぬ私自身が自分を拒絶していたのだ！

ＨＦＡを知る

だが素晴らしいことに、いったん自分について理解しはじめると、物事は劇的に変化する。自らの意思で行動する覚悟を決めたとたん、人間関係も心のあり方も、仕事もすべてが変わっていった。私は自分にはめていた枠を取り払い、新たな可能性を解放した。もう、他人からどう思われるだろうという恐れや、失敗の恐怖を〝燃料〟にしなくてもよくなったのだ。もちろん、こうした恐怖が完全に消えてなくなったわけではない。だが、十分にコントロールできるようになった。

誰でも自分に満足できないことはある。だが、そこで思考が堂々巡りをして抜け出せなくなり、幸せを感じられなくなったとしたら、行動を起こす必要がある。

だからこそ私は、ＨＦＡに対処するための「５つのステップ」をみなさんに紹介したい。他人にどう思われるかなんて気にせず、気兼ねなく自分のやりたいことをできるようになるために、ぜひ役立ててほしい。ステップ1の目標は、HFAをよく知り、その症状や特徴を理解して、それが現在の自分の行動に表れているかどうかを確認することだ。

私の場合、HFAによる不安に対処するにあたって、まずはこの「高機能不安症」という言葉の意味するところを知り、この種の不安が自分の人生にどのように表れているのかを見極める必要があった。ちなみにここにおける「高機能」とは、活動や動作が高いレベルで行われていることを指す。これは、別の言い方をすれば〝やりすぎ〟ということだ。HFAの人は、自己肯定感が低いことが多く、その裏返しで〝価値ある存在〟と認められようとしたり、あるいはいやな気持ちから目をそらしたりするために、がむしゃらに物事に取り組む。そして、誰よりも高いハードルを設定して、それをクリアするために終わりのない努力のループにおちいってしまうのだ。

HFAに対処するための第一歩は、まずはHFAを理解することであり、それに関連した行動をアンラーニングしていくのはそのあとだと私は考えている。なぜかと言えば、まずは自分が向き合っている問題の正体を見極めなければ、本当の意味で物事を前に進めることは不可能だと思うからだ。花が咲かない理由を知りたいのなら、ただつぼみだけを見つめていても仕方がない。その植物全体のことを考えなければならないに決まっている。

ただ、不安という感情とその影響の大きさは、誰だって知っているはずだ。「抑制不安」にとらわれれば、私たちは〝感情の奴隷〟となり、まともに日常生活が送れなくなったり、やるべきことができなくなったりする。だが、ＨＦＡの人が抱くのは、それとは違う隠れた不安だ。自分が〝とるに足りない存在である〟という恐れを源とするこの不安には、常に心の中で己を恥じつつ、静かに対処することを迫られる。

ＨＦＡに苦しむ人は、実際には高い成果を出している場合が多く、はた目には、モチベーションにあふれた、欲しいものをすべて手に入れる成功者に見える。だが、それはあくまで外から見える部分、つまり彼らが世間に見せている部分だけの話だ。心の中では、抑制不安と同じような症状をいくつも経験しているのだが、それがすでに人格の一部になっているために、自分がある種の行動のループにはまっていることや、そもそもＨＦＡを持っていることにすら気づいていない場合が多い。

彼らは〝自分がとるに足りない存在である〟という無力感に対して、極めて高い基準を設定して行動し、自分の価値を――他人ではなく、むしろ自分自身に対して――証明するために、できるかぎり努力し続けるというやり方で対処しようとする癖がついている。そして、本人がそうした行動に無自覚なままだと、ＨＦＡによるこの行動のループは、疲れ果て、燃え尽きるまで続く。

ＨＦＡと強すぎる感受性

ＨＦＡの人は感受性が強い傾向がある。彼らは人生のある時点で自分自身が――あるいはあるべき自分の姿ですら――〝とるに足りない〟ものだと思ってしまったのだ。また、自分でも感受性の強さをどう扱っていいかわからず、それが日々の振る舞いに対する不安につながっていることにも気づいていない。その結果、周りからどう見られているかばかりを気にして、自分の価値を他人の評価にゆだねてしまっている。そうして、自分の価値に満足するためには他人から認められる必要がある、という思い込みに根ざした行動パターンを形成していく。

ＨＦＡの人はその強い感受性を使って、周りの状況を〝読む〟――要は、物事を必要以上に自分にひきつけて解釈する。そのうえで、ほかの人から望まれているであろう振る舞いをする。そして結局、ただ満たされたいがために、自分が本当にやりたいことを無視したり、押し殺したりしながら、他人が望んでいるであろうことをひたすらやり続けるというループにはまってしまう。彼らは〝ありのままでそこにいる〟――つまり何もせずにじっとしていることが苦手であり、問題の根っこはまさにそこにある。ＨＦＡと強すぎる感受性の問題については、ステップ４でさらに詳しく取りあげよう。

ＨＦＡの人は、〝感受性が強い〟ということの意味を誤解している場合が多い。次ページの表は、その認識のズレについてまとめたものだ。ちなみに私は仕事で、クライアントのカウンセリングをするときにもこの表を説明に使っている。

■"感受性の強さ"に対する誤解と真実

HFAの人の"感受性の強さ"に対する解釈	真実
芝居がかっている	情熱的
すぐ不安になる	勘が鋭い
自分勝手	変化に敏感
気難しい	共感的
なんでもやりすぎる	しっかりと物事を把握している
弱い	観察力がある
感情的	ほかの人の気持ちがわかる

この表には、HFAを持つ人たちが自分たちの感受性の強さ、すなわち〝繊細さ〟を弱点と捉えていることや、周りに溶け込むために本当の気持ちを抑えていることがはっきりと表れている。人と違うことはしたくないし、目立ちたくない。だが、それでも人間として、自分なりの形で輝きたい、と彼らは思っているわけだ。それ自体は素晴らしいことだと言えるだろう。じつのところ、繊細であることは弱点ではない。より深い視点でこの世界を見て、意義ある形で人生を進んでいくうえで、繊細さはむしろ強みになる。

それは私が頼んだコーヒーではありません

それでは、HFAの繊細さが実際の場面でどのように表れるか、ひとつ具体例を挙げてみよう。

例えば、私がカフェのカウンターでカプチーノを注文したとする。しかしバリスタは妙に無愛想だ（という気がする）。注文を聞いているときにずっとため息をついていたし、笑顔もない。きっと彼にとって私はいやな客なのだろう。

そして飲みものが出てきたが、それは注文したカプチーノではなく、カフェラテだった。でも、私はすでに自分が迷惑な存在だと思っているし、バリスタは機嫌が悪そうだ。だから何も言わないことにする。もし彼がこの間違いをこちらのせいにしたら、口げんかになってしまうかもしれない。それが怖い。もしかしたら、私は本当にカフェラテを頼んだのかもしれない。言い間違えたのかも。だったら、黙って違う飲みものを飲んだほうが楽だ。

不安にとらわれている私はここで、バリスタが私に対してだけ特に無愛想なわけではないかもしれない、あるいは単に彼が普段からそういう人なだけなのかもしれないし、私のあずかり知らないところでなんらかの事情があったのかもしれない、とは考えない。強すぎる感受性が相手の態度を敏感に察知し、さらにそこに自分は〝とるに足りない存在である〟という思い込みが加わったせいで、そもそもこのミスはこちらのせいかもしれないと思ってしまうのだ。これは、思い込みによって世界がゆがんで見えることを、そしてＨＦＡを抱えている場合には、状況をありのままに解釈することがさらに難しくなることを、如実に示す例だと言えるだろう。

拒絶敏感不安症

物事をネガティブに捉えたときに起こる、このような感情の反応は、拒絶敏感不安症（ＲＳＤ）という名で知られている。人は目の前の状況や、その場で起きている事実をありのままに捉えるのではなく、自身の経験にもとづいて自分の思うとおりに解釈する。つまり、必ずしも客観的とは言えないような観察を持ち出して、それを自分がとるに足りない存在であるというコンテクストに当てはめて解釈してしまうわけだ。そうして外部の状況を心の中の問題にひきつけて、自分には価値がないという思い込みをさらに強くする。

さて、次の表には具体的な状況に対して、ＲＳＤがどのような形で表れるかの例を示した。

■拒絶敏感不安症の表れ方

状況	その状況に対する考え	導きだされる答え	思い込み
みんなの集まりに呼ばれなかった	「声をかけてもらえなかった。きっと何かまずいことをしたに違いない」	「みんな私と一緒にいたくないんだ」	「私は嫌われ者で必要とされていない」
メッセージへの返信がない	「無視された。きっと怒らせてしまったんだ」	「みんな私との仲を大切にしていないし、私なんてどうでもいいんだ」	「私はとるに足りない、価値のない存在だ」
仕事について建設的な批判を受けた	「仕事をけなされた。私は無能なんだ」	「みんなに無能で、力が足りないと思われている」	「私は負け組で、劣った存在だ」
議論の中で意見に反対された	「反対された。きっと私が間違っていたか、つまらないことを言ってしまったんだ」	「みんな私の意見や考えを尊重してくれない」	「私はバカで、劣っている」
好きな人が好意的な反応を示してくれない	「愛情を示してくれない。きっと失望させてしまったんだ」	「私の気持ちなんてどうでもいいし、私のことなんて好きじゃないんだ」	「私は愛されていないし、愛情を受ける価値もない」
話をしている途中で相手が何かを言う	「私が話しているのに口を挟んできた。きっと私は大した話をしていなかったんだろう」	「私の考えや意見を大切にしてもらえていない」	「そもそも私なんて大した人間じゃないし、話を聞く価値もない」

例えば、親切心から誰かに対して「大丈夫ですか」と声をかけるのは悪いことではない。だが、その人の悩みをこちらが引き受ける必要はないし、バリスタの機嫌を損ねるのがいやだからという理由で、飲みたくもない飲みものを受け取る必要もない。私にそんな義務はないからだ。

こうした経験を違った形で解釈し直す――すなわち、〝リフレーミング〟することで、世界は別の色合いを帯び、自分にとって正しい選択ができるようになる。リフレーミングについては、本書の後半で詳しく解説しよう。

隠れた自我

何かに対する恐怖や、他人から認められたいという欲求にもとづいて仮の人格をつくったとしても、長くはもたない。結局のところ、他人が自分をどう思っているかなどということはわかりようがないのだから、それをもとにして生きていくのは不可能なのだ。そうした生き方はむしろ、全力で自分に牙を向けているようなものであって、間違ったやり方だと言える。だから、外に目を向けるのはやめよう。答えは自分の中にあるのだから。この、心の中で起こる自分自身との戦いについては、ステップ2でより詳しく解説することにする。

他人からどう見られるかを気にするあまり、自分の本音や、そうありたいと思う姿を否定し続けるというのは、裏を返せば、常に不安を抱えて生きていくことを意味する。それだけではない。神経系の機能不全を引き起こす、考えすぎや破滅的な思考、完璧主義といった、いわゆる「緩和行動」につながることも多い。こうした行動は、根本的な原因に対処することなく、とにかく安心したいという本能的な欲求を満たすだけのものだ。緩和行動についても、ステップ2で掘り下げる。

話をわかりやすくするため、心を氷山にたとえてみよう。氷山は、その9割が水の中に沈んでいることは広く知られている。不安や恐怖、そして安心感を得るための緩和行動というのは、氷山でいう水の上に出ている1割にあたる。その下に沈んでいるもっと大きな部分こそ、われわれが心の中で、自分をとるに足りない存在だと思い込んでいる部分だ。そこは隠れた自我であり、他人からは見えない。

しかも悲しいことに、これまでの経験にもとづいて自分をとるに足りない存在だと決めつけたのは、私たち自身なのだ。私たちはこの部分を外からは見えないように隠し、周りに受け入れてもらうためには、それ相応の振る舞いをしなければならないと思い込んでいる。本当はけっしてそんなことはないというのに。そして、この氷山が何かに衝突して、自分の隠れた自我に目を向けざるをえなくなるまで、私たちはその生き方を続けようとする。

欠落感の表れ方

HFAの人全員に共通しているのは、満たされたい、自分には価値があると思いたいという気持ちだ。だが、何をもって〝価値がある〟とするかは、それぞれの人格やこれまでの経験によって変わってくる。そのためHFAの表れ方は人によって違うことが多く、自覚するのが難しい。だからまずは、そうした差異に目を向ける必要がある。

自分を価値ある存在だと思いたいという気持ちがHFAの根本的な原因。これをいったん自覚すれば、HFAに端を発する行動をつきとめ、それに対処することができる。

前にも述べたが、HFAの人は仕事面では優秀で、人あたりがよく、パフォーマンスが高くて、優れた成果を挙げる傾向がある。だが、そうした外から見える部分と、裏で起こっていることのあいだには大きなギャップがある。彼らは心の中では、「破滅が迫っている」「物事が自分の手には負えなくなってきている」という強い危機感や過剰な思い込みなど、不安障害の患者と同じ症状に苦しんでいる。

また、心拍数の上昇や胃腸障害といった、身体的な症状が表れることもある。これは、見た目には優雅に泳いでいる白鳥が、水面下では必死に足をばたつかせている姿によく例えられる。HFAを抱えている人は、本当の自分を隠していることへの後ろめたさから、自己嫌悪になったり、愛される価値がないと思い込んだりしがちだ。そのせいで深い人間関係を築けなくなってしまうこともある。

まさに私がそうだった。私は気づかないうちに、自分ではなく他人のために生きていた。どんな形でもいいから、自分が必要とされていると思えるような人とのつながりを、常に探し求めていた。「誰かが私に何かをしてほしいと思っているのなら、自分には価値があるはず」というのが、私が子どものころに人とのかかわりのなかから見いだした公式だった。

そして大人になった私は、この公式を人間関係に持ち込み、他人からの評価抜きで自分の声に耳を傾けるということを一切しなかった。人から必要とされたいがあまりに、逆に心の底では切望していたはずの深い人間関係を自分の人生から奪ってしまったのだ。私が自分に許したのは、他人からちょっとした承認を得ることだけ。それによってつかの間、満たされはするが、基本的には常に周りから隔絶され、注目されることも心のうちを聞いてもらうこともなく、孤独にさいなまれていた。

そんな状態を放置してしまったのは、自分には愛される価値がなく、望みが満たされないのも当たり前だと思い込んでいたからだ。なんらかの理由で望みが満たされないとき、人は人間関係のなかでそれを解消しようとする。そして、注目されたい、必要とされたいという欲を満たすために、自分の時間やエネルギーをつぎ込んででも人を喜ばせるためならなんでもする、というパターンにおちいってしまう。これでは疲れきってしまうのも当然だろう。

人生のルールをつくる

「自分は愛されていない」と思いながら成長した子どもは、大人になってからも人とのかかわりのなかで、愛情を求め続ける傾向がある。そして、その原因を自覚し、そこから抜け出して前に進むための戦略を獲得できるまで、同じパターンを繰り返してしまう。この気づきを得るには、子ども時代の経験をその身に宿し、現在の人格にも影響を与え続けている、あなたの「インナーチャイルド」に対処する必要がある。それができてはじめて、このパターンから脱却することができるのだ。

「条件付きの愛」しか受けたことのない子ども＝愛を努力して「獲得」しなければいけないと思い込んでいるせいで、満たされることのない大人

私は、自らの行動パターンを把握するために子ども時代まで記憶をさかのぼったとき、自分を育てた大人たちから、望んでいた感情的なつながりを与えてもらえていなかったことに気づいた。だが、これは彼らのせいではない。なぜなら彼ら自身、幼少期に同じような体験をしており、それを基準にして私を育てただけだからだ。ただ、感情的なニーズが満たされなかった私は、自分が〝手に余る〟存在であることを察して、人に迷惑をかけることを恐れるようになった。その結果、自分の光を消すことを覚えた。自分自身の声を尊重するかわりに、他人の声に耳を傾けることで、周りにとって価値ある存在でい続けるというやり方を学んだのだ。

実際には、私は手に余るような存在ではなかった。単に周りの大人が、私にのびのびと自分を出せるような余地を与える方法を知らなかっただけだ。繊細な子どもだった私は、人の反応を敏感に察知して、間違った解釈をしていた。その結果、人生のマイルールをつくりあげ、自分の〝見せ方〟をコントロールするようになったのである。

人は子どものころに、経験から仮説をつくりだし、それをもとにして人生のルールを設定する。そしてそれは、大人になってからも変わらない可能性が高い。例えば、あなたは子どものころに「人は必ず自分から離れていく」というルールを学び取るかもしれない。幼いころに片方の親があまり家にいなかったり、何度もがっかりさせられたりしたことで「親には頼れない」と思い込むこともある。それが無意識のうちに、将来の人間関係にも影響を与えていくわけだ。

感情的な欲求を満たせなかった子ども＝他人に弱みを見せることをいやがる大人

ＨＦＡと拒絶に対する恐れ

ここまで説明してきたことからもわかるとおり、ＨＦＡの人は〝自分は繊細すぎる〟と思いがちだ。だが、これは事実ではない。問題は、自分の感受性をうまくコントロールする方法を知らないことにある。ＨＦＡの人は周りで何か異常が起きていると、すぐにそれに気づく。だがそこで、他人には他人なりの事情があってそうなっているのだ、と考えるのではなく、自分のせいではないかと勘ぐってしまうのだ。そして、自分の行動を変えていく。

例を挙げよう。職場に着いたあなたは、普段は笑って言葉をかわす同僚が、深刻な顔をしているのに気づく。いつものようにジョークを飛ばしてみたが、反応がない。するとあなたはすぐ、破局的思考が働き、もしかしたら自分が相手を傷つけるようなことをしてしまったのかもしれない、なぜ嫌われてしまったのだろう、と思い込む。

要するに、あなたは同僚の振る舞いに敏感なので、普段と違う様子を察知すると、〝何かあるな”と思うのだが、そこで「どうしたんだい？」と尋ねればいいところを、勝手に自分のせいだと思い込み、何かしてしまったに違いないと悩みはじめる。その結果、同僚に嫌われたと思って心を閉ざしたり（実際には、そんなことは起きていないのだが）、“仲直り”をしようとしてへんに下手に出たりしてしまう。

しかし、もしかしたらその同僚は、前の晩によく眠れなかったとか、これから気が重くなるような会議があるとか、プライベートで何かがあったとか、あなたとはまったく無関係な事情を抱えていただけなのかもしれない。ここで、自分の感受性の強さを自覚しておけば、結果は大きく違ってくる。状況を解釈し直す「リフレーミング」は、非常に強力だからだ。

またＨＦＡの原因は、自分が“とるに足りない存在”だという感覚であり、その根底には恐怖がある。じつはこの恐怖は過去の経験からきているのだが、それについてはステップ２で詳しく解説しよう。とにかくこれまで説明してきたように、ＨＦＡに苦しむ人は、自分の認めたくない部分を普段からひた隠しにしていて、その不安のせいで、常に成果を挙げようと焦っている。少しでも自分を価値ある存在だと思えるようにもがいているが、ありのままの自分を受け入れられるようになるまで、本当の意味でそれが実現することはない。そして彼らは、承認欲求を満たすことでそれを紛らわせるというやり方に飛びついてしまう——たとえそのせいで、自分を不幸にすることになっても。

だがじつのところ、自分の価値は、周りがそれを認めてくれるかどうかで決まるわけではない。自分自身といかに関係を築くか、自分をいかに大切にするか、自分が何を必要としているかに耳を傾け、それにどう応えるか、波長の合わないエネルギーからいかに自分を守るか。あなたの価値を決めるのは、そこなのだ。

振り返りの大切さ

ことわっておくが、私はここで誰かを責めようとしているわけではない。ただ、私たちはみな同じ人間であり、それぞれが複雑なニーズを抱えていて、時には周囲の人がそれに応えられないことはある。私は自分が生まれ育った環境で与えてもらったすべてのことに感謝している。ただ同時に、そこに欠けているものがあったのもたしかだ。10代のとき、私はとても怒りっぽく、内心では愛に飢えていて、注目されたいと思っていた。しかし誰にも心を許さなかった。

いまになって思えば、そうした態度の根っこには拒絶されることへの恐怖があったのだろう。自分の心の中にひきこもる癖がつき、思っていることをこっそり日記に書きつけていた。そして、日記をつけていることがバレてしまってからは、詩やアートに傾倒するようになった。〝仮面をかぶる〟のが上手になり、必要だと思う部分だけを世間に見せて、一定の評価を勝ち取り、自分は何も落ち度がないということを証明するようになった。

一方で、自分の中の受け入れがたい部分については向き合わずに無視していたが、そのせいで葛藤が起きていることには気づいていなかった。ありとあらゆる自己啓発書を読みあさり、そのすべてが己を愛することの大切さを説いていたというのに、自分の中で何が起きているのか自覚していない私には、それができなかった。自分の欲求を満たすのに、私が知っていた方法はひとつだけ――それは、周りがこちらに期待しているであろうものを差し出すことだった。

その方法はある程度までうまくいったものの、結局は破綻した。やり方を変えなければならないと実感したのは、そのときだ。人が経験することのなかには、自身を成長させ、より深い理解へと導いてくれるものがあると、私は信じている。さなぎのなかで羽化を待つ蝶のように、生まれ変わる準備が整うまでゆっくりと過ごす時期が私たちにも必要だ。

私たちは人生という道を、いままさに歩んでいる。だが時々、過去を振り返って、点と点をつなげて線にして現在《いま》につなげないと、その道筋がどんなものだかわからなくなってしまうことがある。過去の経験は、自分の行動パターンを把握するのに役立つうえに、これから進むべき方向を決める際のヒントにもなる。いまにも溺れそうな状況なのに、そんなことをしている暇などあるだろうかと疑問に思うこともあるだろう。それでも、過去の振り返りがもたらす精神的なしなやかさは、これからの人生の道を進んでいくうえでの元気と勇気を与えてくれるはずだ。

己を知る

ＨＦＡは精神疾患とは認められていないために、その実情を知り、対処するための情報はあまり世の中に出回っていない。本書で紹介する５つのステップを通じて、私はこの状況を変えていきたいと思っている。そしてここでいう〝変える〟というのは、単に特定の状態にＨＦＡというレッテルを貼るのではなく、その中身をしっかりと理解することだ。自らの行動を深く掘り下げれば、いままで以上に〝己を知る〟ための、洞察や知恵を得ることができる。

自分は〝邪魔もの〟であるという意識のせいで、どこにも居場所がないと思っている場合、そうした気持ちは周りとのかかわりにも表れてくる。「私にはこの程度で十分だろう」と考えて、自分を狭い場所に閉じ込め、可能性を広げることができなくなるのだ。だが、あなたは生まれつきそのように考えていたわけではない。「自分はこういう人間だ」と、人生のどこかで思い込んでしまったのである。

こうした生き方をアンラーニングすることで、〝自分はこういう人間だ〟という思い込みを断ち切り、あるがままの姿に戻ることができる。

22歳のときに、私はディスレクシア（訳注：文字や文章の読み書きがうまくできない学習障害）と診断され、がく然とした。その後、大学の講師から、私が人生で初めて落第点をとったエッセイについて話をしたいと言われたときのことを、いまでも覚えている。彼女と向かい合って座る前に、私はすでにパニックになっていた。きっとすでに自分のバカさ加減は見抜かれていて、修士課程から放り出されるのだろうと思っていたからだ。だが、彼女の口から出てきたのはこんな言葉だった。「ラリー。あなたはこれまで言葉の選び方や文章の書き方について、誰かに何か言われたことはある？」

これを聞いた私は、我を忘れて号泣してしまった。それは、自分が苦しんでいることについに誰かが気づいてくれたという安堵の涙であるとともに、失態をさらしてしまったという羞恥の涙でもあった。私の中の異なる2つの面が同時に姿を現した、劇的な瞬間だった。サリーというその講師が、こちらを気遣い、気持ちに配慮して話してくれているのがわかったのでうれしく思う反面、自分の本当の気持ちを隠さなければと大慌てだったのだ。

私は自分がディスレクシアであるとわかってから、この学習障害について理解を深めるためにいろいろと調べた。だが、自分がディスレクシアだということは、誰にも打ちあけなかった。と同時に、自分がそれまで長年にわたって、ありとあらゆるものを読んだり解釈したりするという作業を、なんとかごまかしながらやりすごしてきたのだということを自覚した。学校でも大学でも、特別な努力をしなければならなかったし、物事を脳に染みこませるのに時間がかかる自分と、悠々と理解していくほかの生徒たちを常に比べていた。いまになってみれば、このことが自己評価や自尊心にいかに影響したかがよくわかる。常に成果を挙げようと努力することで、自分のこうした姿を覆い隠そうとしていたのもある意味当然だろう。

そうして成果を挙げたいという気持ちに駆り立てられて勉強を続けた私は、博士号取得に乗り出した。だが博士号を取得したあとになって、注意欠陥・多動性障害（ＡＤＨＤ）であることも判明した。これも大きなショックだったが、それでもある種の解放感のようなものもあって、「やっぱり私のせいじゃなかった」「自分が悪いわけじゃなかったんだ」と思ったのを覚えている。ＡＤＨＤというレッテルを貼られたことで、逆に自分の考え方や、なぜ特定の行動をとりがちなのかを理解しやすくなり、受け入れることができたのだ。

ここに至って私は、状況をようやくまともに把握できるようになり、「自分はどこかおかしいのではないか」と自らを責めることをやめた。そしてそれまで成績優秀者でいようとして、試験でトップクラスの点数をとるためにどれだけの努力をしなければならなかったかを思い出して、私がＡＤＨＤであることを見抜けなかった大学に怒りさえも感じた。大学に入る前の私は、小中高と常にルールを守る〝良い子〟だった。もちろん、そうすることで周りが褒めてくれるので、自らそう振る舞い続けてきたわけだが。

私たちは、自分が本当はどんな人間であるかを理解してはじめて、周囲の反応を見て行動を変えたり、強い不安に突き動かされたりすることなく、地に足のついたやり方でほかの人とコミュニケーションをとって、絆を築くことができる。自分が何者であるかを知ることには、そうした力があるのだ。

ＨＦＡの症状

もうおわかりだろうが、自分がＨＦＡであるかどうかを見極めるには、まずはその症状や特徴を認識・理解したうえで、ＨＦＡの影響がさまざまな形で表れうることを知っておく必要がある。それを理解してはじめて、ＨＦＡを受け入れることができる。私はクライアントに対して、ただ静かに座って、先入観を捨て、好奇心を持って自分自身のことを考えるという方法をすすめることがある。時には鏡を見ているだけで、自分の気持ちや振る舞いについて理解しはじめることもあるほどだ。

ではここからは、「ＨＦＡにおける7つの主な精神症状(いずれも心と体のつながりを含んでいる)」について見ていこう。また、それぞれの症状が日常的な行動にどのように表れてくるかの具体例を、「欠落感の表れ方」という項目にまとめたので、ぜひ参考にしてほしい。

HFAの症状 その1

完璧主義

完璧主義とは、要は世間に対して自分をどう見せようとするか、ということだ。HFAの人は、自らに高い基準を課し、望ましい成果を達成するために〝かくあるべし〟という確固たる理想像を抱いている。なぜなら心の奥底では、自分が十分に価値のある存在であることを、みなに示したいと思っているからだ。

完璧主義者は意欲があり、几帳面で信頼できる人物だと思われていることが多いものの、反面、物事が自分の思ったとおりにいかないと、とても攻撃的になる傾向がある。完璧主義は不安の表れでもあり、多くの場合、失敗や拒絶への恐怖が完璧を目指そうという行動の原動力になっている。だがここで問題なのは、そもそも〝完璧〟などというものはこの世に存在しないことだ。

最近私は、起業をしたいがなかなか踏みきれないという女性と話をした。理由を尋ねると、自分は完璧主義者だから、という答えが返ってきた。彼女の真意を知りたくなった私はとりあえず、「完璧主義者というのは、心の奥底で恐れを抱えていることが多いんですよ」と言ってみた。

すると彼女は、何も怖くないと言い張ったが、会話が進むにつれて、やはりそうではないことが明らかになった。彼女は、自分はこれまでずっと強くて自立した人間だと周りから思われてきたが、その評判を傷つけたくないのだ、と漏らしたからだ。

もし事業が失敗したら、自分が完璧ではないことがバレてしまう。だから彼女は、能力は十分にあるにもかかわらず、起業という挑戦ではなく、現状にとどまるという安全策をとることにしたのだ。失敗への恐れと、それに伴う完璧主義が、彼女の足をひっぱっていた。

完璧主義者のなかには、失敗を恐れて身がすくみ、目の前の作業に手をつけられない人もいる。これはいま現在、極めて高い成果を挙げている人たちにも当てはまる。彼らは、失敗や、他人からの評価や批判にさらされるのを恐れるあまり、自分の最高の成果ですら表に出すのをいやがることがある。私のクライアントには「何かがおかしい」と自覚しながらも、「何が」おかしいのかがわからないという人が多いのだが、彼らはまさにこうした状態におちいっているのだ。

起業したいという彼女は、実行に移せない言い訳として自分の完璧主義を挙げた。だが、その根っこには、失敗への恐れがあった。ここでは、複数の感情が層のように積み重なっている。というのも、ＨＦＡの人は、その敏感な感受性を使って世の中を渡っていくからだ。その行動や反応、自己表現の仕方は、過去の経験から得た教訓にもとづいて、自分自身を守るようにできており、彼らは自分のことを〝とるに足りない存在だ〟と思っていることにすら気づいていない。ただ、なんらかの違和感を覚えているだけだ。

●欠落感の表れ方

例えば会話の相手が、自分が話している最中にふと視線をそらしたり、気が散っているように見えたとする。すると、HFA持ちの完璧主義者である私は、相手は興味がないのだと思って話題や話し方を変えてしまう。だが、これはあくまで〝私がそう思った〟にすぎない。もしかしたら相手は、単に疲れていたり、私とは無関係のことに気をとられているだけなのかもしれないのだから。

それでも私は、自分が〝完璧〟であり、状況をうまくまとめられることを示さなければならない。私にとってそれは、自らコントロールするべき要素であり、そうすることで「自分はとるに足りない存在ではない、なんらおかしいところなんてない」と思い込むことができるからだ。しかし、実際には心の底ではそれを疑っているので、その場しのぎにすぎないのだが。

完璧主義者は、本当の自分を表現しない。そのかわりに、他人から受け入れられるであろう自分を演出する。そうして受け入れてもらうことで、なんとか平静を保っている。

だが、外からの評価を欲しがるというのは、要は自分の価値を他人の手にゆだねているということだ。その場合、私たちのすべての行動は、〝自分がやりたいから〟という理由ではなく、誰かを喜ばせ、誰かの期待を満たすために行われることになる。いまこそ、それを自分の手に取り戻そう。

HFAの症状その2　破局的思考

「破局的思考」とは、ある行動や出来事について、起こりうる最悪のシナリオを想像したり、目の前の状況を実際よりもずっとひどいと思い込んだりすることであり、認知的不協和や認知のゆがみの一種である。破局的思考にとらわれたとき、われわれは与えられた状況を過剰に分析して、悪いことが起きる可能性を過大に見積もる。そうして底なし沼にはまるように、恐怖や不安で心の中をいっぱいにして、すっかり混乱してしまうのだ。

例えば人前でプレゼンをするときに緊張するのは、普通のことだ。とはいえ、途中で声が出なくなったり、プロジェクターが壊れたり、観客に笑われたりといったネガティブな事態ばかりを繰り返し想定していたら、はじめから不安でこわばった状態で本番に臨むはめになる。うまくいかないシナリオをあえて何度もシミュレーションしているのだから、当然だろう。すでに後ろ向きな感情と行動が直結するような状態を自らつくりだしているのだから、あとはひたすら不安が募っていくだけだ。これが、思考の底なし沼である。

破局的思考は、周りから値踏みされることへの恐れに端を発するもので、さらに

その大元には拒絶されることへの恐怖がある。破局的思考にとらわれると、自らを枠にはめてしまい、ポテンシャルを発揮できなくなる。

私たちは、なぜ破局的思考――すなわち、ネガティブな形ではるか先を読む思考――を身につけたのか。それは、自分たちの身を守るためだ。たしかに、想定しうるあらゆる状況下において、悪いことにつながる可能性のある要素を全部特定できれば、前もって対策をして、すべてを避けることが可能かもしれない。だが同時に、〝避ける〟ことが前提になっている以上、チャンスをつかむこともできなくなる。これはつまり、進むべき道を決める際に、恐怖を指針にしてしまっているということだ。私を含めHFAを持つ人たちは、あらゆることに対して過剰な準備をすることで、自分の進路をコントロールして、窮地を避けることができていると思い込んでいるわけだ。

苦悩や羞恥心、罪悪感や狼狽をふたたび感じることのないよう、私たちはこうした行動をとる。いま〝ふたたび〟という言葉を使ったのは、私たちは過去にこうした感情をすでに経験済みで、それが良いものではなかったからこそ、避けるすべを知っているという事情があるからだ。これは、ナイフの刃を触って指を切ってしまったというのと似ている。また同じ怪我をしたくないので、その後ナイフを扱うときには慎重になる。脳がナイフと痛みを結びつけ、危険だと認識するわけだ。もしくは学校で授業中に自分の意見を言って友人に笑われ、恥ずかしい思いをした経験から、同じような気持ちを味わいたくないがために、もう何も言わなくなるというのも同じだ。

破局的思考にとらわれて目の前の状況について考えすぎると、私たちは勝手に境界線を引き、実際には存在しないはずの感情をつくりだすようになる。そして人間の体は、何が現実で、何が空想なのかの区別がつかないようにできているため、破局的思考によってつくりだされた感情を本当に経験してしまう。

例えば、「もしこのテストに受からなかったら、単位が取れない。そうしたら大学にも行けないし、就職もできない」とか、「もしこの仕事が完璧にできなかったら、昇進できない。職場で〝仕事ができない人〟と思われてしまう」とか、「良い印象がつくれなかったら、みんなにバカにされるし、仲間はずれにされてしまう」などと考えていたとする。すると、体は本当にそのようなことが起きていると判断して、身の安全を確保するために、そうした状況を避けるための警告を発するようになる。

●欠落感の表れ方

例えばあなたが、買ったばかりのカラフルな上着を着て、夜遊びに出かけようとしているとする。だがそこで、過去に似たような服を着ていた誰かが友だちにけなされていたのを思い出す。そして、自分も友だちにこう言われるのを想像する。「え、そんなの着てるの？　ちょっと派手すぎるでしょ。そう思わない？」

もちろん実際には、こんなことは起きていない。ただの空想だ。だが、すでにあなたは恥ずかしさを感じて傷ついている。つまり、この時点で破局的思考におちいっているわけだ——まだ何も起きていないのに、勝手に人からネガティブな評価を下されることを想像し、状況について考えすぎてしまっている。そして、出かける準備をしている途中に、そんないやな気持ちはもううんざりだと思ったあなたは、新しく買った上着を着るのをやめてしまう。

こんな極端な先読みをしていたら、不安や恐れが際限なくわいてくるし、自分の思うとおりに生きられない。あなたは、自分が価値ある存在であると認めてもらいたいがために、他人の目を気にしすぎてしまっているのだ。だが、こうした〝考えすぎ〟に足をひっぱられないように、うまく対処する方法は存在する。具体的なやり方については、ステップ３の「ＨＦＡの道具箱」、そしてステップ４の「ＨＦＡと適切な境界線」で紹介する。

ＨＦＡの症状その３　評価を下されることへの恐怖

「評価を下されることへの恐怖」は、他人の目を気にしすぎることに端を発している。誰からも悪く思われたくない、という気持ちのせいで、自分の価値を他人の評価にゆだねてしまうのだ。すでに何度も言っているように、人間の真の価値はそんなところにはないというのに。だが、私たちは他人に縛られるようになり、みなが望むであろうことを基準にして、行動を選択するようになってしまう。

人生には失敗することもあれば、人から嫌われることもある。私たちはそれを受け入れなければならない。さもないと、常に他人からの承認を求め続ける人生を送ることになる。

人が評価を下されることを怖がるのは、社会のなかで生き残る必要があるからでもある。太古の昔、私たちの祖先は、周りから欠点があると見なされるよりも、好意的に評価されたほうが生き残る可能性が高かったはずだ。また考えてみれば現代でも、仕事で成功すればキャリアがひらけるが、業績が悪ければ解雇されたり降格されたりするかもしれない。

ただ、世の中の全員から好かれて好意的な評判をもらったり、やることなすことすべてで成功するというのはそもそも不可能だし、それを目指して自分をねじまげるというのも無茶苦茶な話だ。人生はそんな風には進まないし、自分という存在はもっと大切だ。それに、他人からの評価を気にして自分を抑えてチャンスを逃すよりも、とりあえず挑戦してみて、たとえ失敗してもそこからふたたび立ち上がったほうが、はるかに得るものは多い。私たちは失敗を通してこそ、そこからの立ち直り方や、自分の能力について学べるのだから。自分の力ではどうしようもないことに無理やりしがみつこうとするよりも、流れに身を任せることを善《よ》しとしなければならない。

●欠落感の表れ方

例えば、あなたが果樹園に生えている1本の木だとする。周りはすべてリンゴの木で、美しい花を咲かせたあと、素晴らしい果実をたくさん実らせる。だがあなただけは違う。花も実も、見た目も匂いも違う。なぜならあなたはオレンジの木だからだ。

あなたはほかの木からどう思われているかを気にするあまり、自分がオレンジの木であることを隠し、周りに溶け込むためにリンゴの実をならせようとする。だが、本当はオレンジの木なのだから、はじめから勝てる気はしない。周りに合わせるのは、きっと無理だろう。

すると失敗を恐れたあなたは、さらに自分を追い込み、この果樹園でも最高のリンゴをつくろうとしはじめる。そしてその一方で、自分が美しいオレンジの木であることをひた隠しにする。ただただ〝本当の自分〟を世の中から批判されたくないという一心で。だが、そもそもリンゴの木ではなくオレンジの木なのだから、そんなことは長くは続かない。不自然な状態は、長い目で見ればあなた自身を傷つけることになるだろう。

HFAの症状 その4
予期不安

「予期不安」とは、これから起こるかもしれない悪いことへの恐れや不安の気持ちのことだ。これはさまざまな形をとりうるが、一般的には主に予測や制御ができないことに対する不安を指す。予期不安にとらわれると、起こりうる最悪のシナリオを想像するのに多くの時間を費やすことになりかねない。そして、そうした望ましくない結末に必要以上に気をとられると、フラストレーションがたまり、絶望的な気分になっていく。

たしかに人は誰でも、予期不安を経験することがある。例えば就職の面接や初めてのデート、入学試験や大きな旅行の前など。だがそれが日常的に起こるようになると、精神がむしばまれかねない。予期不安は要するに、未来に対する恐れや恐怖であり、何か悪いことが起きるのではないか、やろうと思っていたことがうまくいかないのではないか、という不安のことだ。これは、難しい決断や行動を迫られたり、つらい状況が予想されるときに起こる不安でもある。

予期不安にとらわれると、恐怖を感じる状況を避けようとし続けているうちに、疲れ果ててしまうこともある。これは、単に気持ちが落ち着かないとか、いやな予感がするといったレベルの話ではない。ＨＦＡの人は、何かしらのイベントの前には極度の不安に襲われ、恐怖によるアドレナリン過剰状態におちいり、まともな思考ができなくなってしまうのだ。

そしてそのような状態で役割をこなすのは難しいため、「破局的思考」のところで見たのと同じように、極端な先読みをして、考えうるかぎりの最悪のシナリオを想像しはじめてしまう。だが体は不安を感じるのをいやがって、なるべくそこから遠ざかろうとする。だから、もしかしたら悪いことが起きるかもしれないというだけで、本来なら問題なくこなせたかもしれないことを避けるようになってしまうわけだ。

●欠落感の表れ方

恋人が最近少し冷たい気がしたあなたは、それを指摘したが「なんでもない」という答えが返ってきた。あなたはその言葉が信じられず、相手が関係を終わらせたがっているのではないかと心配しはじめる。ほどなくして、これから起こるであろう別れ話を想像せずにはいられなくなる。恋人を失うことを考えると気分が悪くなり、食欲がなくなり、睡眠もまともにとれなくなる。だがもしここで、これは自分の過敏すぎる感受性のせいだと自覚できれば、このパターンにおちいらずにすむだろう。

HFAの症状 その5
責任感過剰

責任感の強い人は、気遣いができるし、やる気があって頼りになり、物事をやりとげられる人物だと周りからは思われている。しかし、それが少しいきすぎるだけで、責任感過剰になってしまう。責任感過剰というのは、とにかく誰かを喜ばせるために、他人の都合を優先して自分の欲求を抑えこみ、周りからの批判や軋轢、拒絶や失望などをできるだけ避けようとする状態をいう。

これは同時に、他人をうまく信用できず、責任を自分で引き受けたがるということでもある。そしてしばしば、周りの人のために重すぎる責任や負担をしょい込んでしまう。さらに、存在を拒絶されることへの恐怖から、相手をがっかりさせたくないと思うあまり、たとえ自分に責任がないようなことでも、なんとか問題を解決しなければと思い込む。だから責任感過剰な人は、常にどこにでも姿を現しては、「はい。私がなんとかします」と言い続ける。なぜなら、そうして問題を解決し続けるかぎり、自分には価値があると思えるからだ。

ＨＦＡの人が責任感過剰になるのは、その裏に、他人を喜ばせ、気遣いたいという気持ちがあるからだ。さらにその気持ちは、愛や承認に対する深い執着に根ざしていることが多い。そのため、誰に対しても「ノー」と言えないというパターンにおちいってしまう。なぜならそうしてしまうと、たとえそれが自分のせいではなかったとしても、相手をがっかりさせることになるからだ。

逆に言えば、過剰な責任を引き受けているかぎり、周りからは好かれるし、自分のやったことに感謝してもらえて、承認欲求を満たせる。すべてを引き受けてうまくこなせば、その成果のおかげで、その瞬間は自分の価値を認められていると思える。そして、「もう一度そうした気持ちを味わいたければ、また多くのことを達成すればいい」と学習するのだ。こうして、承認欲求を満たすための行動のパターンが確立される。

●欠落感の表れ方

上司から仕事を頼まれたとしよう。あなたはそれを引き受けたが、チームのミーティングのときに同じ上司から、さらに別の仕事も頼まれた。その日はすでにスケジュールがいっぱいで、仕事のあとには友だちと出かける約束もしていた。しかし、上司をがっかりさせたり、チームのみんなからマイナスの評価を受けたくないので、「できません」とは言いづらい。

とはいえ、友だちに対しても友情をないがしろにしていると思われたくないので、約束をドタキャンするのもいやだった。結局、プレッシャーを抱えた、うわの空の状態で友だちに会いに行き、家に帰ったあとに仕事をやり、さらに翌朝早く起きてなんとか仕上げた。自分がこんなに頑張っているなんて誰も知らない。そう思うと、ぐったりとするような徒労感に襲われる。

過剰な責任感は長続きせず、こうして破綻する。私たちは自分の手に負えることの限界を知り、しっかりと境界線を引かなければならない。

ＨＦＡの症状その６　成果の過度な追求

目標を決めて、それを達成する。きっと誰にだってこうした経験はあるだろうし、ご褒美や達成感を求めて努力するのは、とてもやりがいがある。だが、ＨＦＡの人にとって何かを達成するのは、承認欲求を満たすためのプロセスにすぎない。自分で自分の頑張りを褒めてあげるような余裕はなく、ひたすらに難題をこなしていくだけ。ただ何かを達成したというだけでは、ＨＦＡの人の心の穴はけっして埋まらないのだ。

もちろん彼らも、目標を達成すれば一時的に気分は良くなる。だが、自尊心や達成感ではなく、周りから褒められることに頼っているため、その気持ちはすぐに消えてしまう。そして、ゆがんだ認知を土台にしたこの行動パターンを何度も繰り返すことになる。

物事を達成し続ければ、他人から好かれ、評価されるので、承認欲求が満たされる。すべてをコントロールして、つつがなく進めることができれば、その成果によって自分には価値があると思える。そのためには、とにかくなんでもうまくやらなければならない。彼らはそう学習してしまっているのだ。

●欠落感の表れ方

私のクライアントの1人であるルーシーは、会社ではシニアコンサルタントを務めており、若くしてその地位まで出世したことで、他の社員のお手本的な存在だと思われている。だが内心は自己不信と不安でいっぱいで、ミーティングの準備に何時間も費やしてしまうことが当たり前になっていた。一見冷静で、段取りがよく、自信に満ちているように見えるが、その裏で必死になって努力していることを誰も知らない。

ルーシーは心の奥底では、「自分は何者でもない」と思っている。他のコンサルタントよりも劣っていると感じていて、リーダーシップに関する本を時間をかけて読みあさる。自分は本質的にとるに足りない存在なのでそれを埋め合わせるために、その地位に見合った働きができることを周りに示そうとして、限界を超えた量の仕事を引き受けてしまう。さらに、周りに溶け込もうとして、時間がないときでも会社の行事には必ず顔を出す。周りからは陽気でおしゃべりだと思われているが、じつのところ会話は苦手で、アルコールによる勢いと空元気でその場その場を乗りきっていることに誰も気づいていない。

つまり、ルーシーはハイパフォーマーだが、そのエネルギーの源は劣等感だ。そのせいで、自分の価値を周りに示すために、己の気持ちを無視して多くのことを引き受けるという行動に出る。つまり、彼女は自分で自分の首を絞めているわけだ。

ＨＦＡの症状 その７ すべてをコントロールしようとする

世の中には、人生のあらゆる要素をコントロールしようと必死になり、疲れきってしまう人たちがいる。特にＨＦＡを持っている場合、物事が思ったように進まなかったり、予想外の事態が起きたりすると、うまく対処できないことが多い。彼らは、非常に几帳面かつ真面目で、自制心が強い傾向があり、なんでも事前に決めたとおりに物事を進めたがる。

彼らがそこまで物事をコントロールしたいと思うのは、根本的に自分に自信がないからだ。安心したいからこそ、すべてをコントロールしようとするし、自分とは違うやり方で物事を進めようとする人には任せておけないと思ってしまう。

たしかに、主導権を手放すというのは簡単なことではない。人は主導権を握っていると安心するため、不安定な状況に置かれたときに、物事の結果やそれが起きている状況、あるいは他人のリアクションや周囲の環境までも、自分でコントロールしようとしはじめる。状況が不安定であればあるほど、必死になって主導権を握ろうとする。

そして多くの場合、こうした行動パターンの根本には、不快な感情を避けたいという動機がある。例えば不安という感情は、人生の特定の側面をコントロールできないときに生じる。そうした状態になると、私たちは自分の〝コントロールできる部分〟に過剰に集中し、さらにそれを維持するための行動パターンをつくりはじめる。

これこそ、「自分が必要とする助けが周りから得られないかもしれない状況」に対する、HFA特有の対処法なのだ。こうしたやり方によって、彼らは一時的に、不快な感情から目をそらすことができる。だが、それも長くは続かない。遅かれ早かれ、そうした感情は戻ってきて、また気をそらすためにコントロールを強めなければと思うようになるからだ。こうした行動パターンはなかなかに根が深い。だが、正しいサポートがあれば抜け出すことは可能だ。

●欠落感の表れ方

あなたは電車を運転しているとしよう。車内にはほかにも人がいて、みな運転を手伝ってくれようとしている。だがあなたは運転手は自分でなくてはならないと思い込み、彼らが休憩をとるようすすめたり、運転のアシスタントをすると言ってくれているのに、すべての申し出を断る。それどころか、すでに疲れており、本当は助けてもらいたいと思っているにもかかわらず、無理やり1人で運転を続ける。

ハンドルから手を離すことは、状況をコントロールする主導権を放棄し、目的地にたどり着くのをあきらめるのと同じだ。もし誰かに運転を任せたら、スピードの出しすぎで脱線したり、何の相談もなく違う駅に向かう線路に進められてしまうかもしれない。それでは安心できない。だから、孤独でも、疲れきっていてもかまわない。周りの人は信じずに、とにかく電車が壊れるまで自分だけで運転を続けよう。状況をコントロールし続けるには、そのほうがいい。そう、あなたは思い込んでいる。

さて、以上がHFAの典型的な7つの症状だ。ピンとくるものはあっただろうか？　あなた自身の普段の行動に当てはまるものは？　おそらく、どれも心当たりがあるのではないだろうか。結局のところ、これらはすべてつながっていて、その根っこにあるのは、〝安心したい〟という気持ちだからだ。不幸なことに私たちは、子どものころに安心を得られなかったのだろう。もちろん誰でも、時にはそのような状態になることはある。だが、それが〝通常運転〟では大変だ。気持ちがなえて、体も心も疲れきってしまう。

HFAの人の行動の二面性

人に二面性があるのは当たり前だ、と思う人も多いだろう。では私をはじめとするHFAを持つ人々の二面性とは、どういうものなのか？　まず、HFAの人は本質的な二面性を抱えている。ひとつは〝後天的な学習によってつくられた側面〟で、これは世間に向けて見せている部分だ。そしてもうひとつが〝影の側面〟、これは外から見えないように隠している部分だ。

私たちは〝学習によってつくられた高機能の側面〟によって、周りからの承認を得て、身の安全を確保し、状況をコントロールできているという感覚を保っている。一方で、〝影の側面〟にすべての恐れや心配、不安などを押し込めている。影の側面は常に自分とともにあるのだが、おそらく日の光が当たるまではその存在に気づかないのだろう。

左記の表は、私たちの持つそうした2つの側面が、具体的にどのように表れるかを示したものだ。

■学習によってつくられた側面と影の側面

学習によってつくられた側面（世間に見せている部分）	影の側面（心の中に隠している部分）
落ち着いている	過度な心配性
人あたりがいい	完璧主義
働き者	いつも疲れている
締め切りは必ず守る	失敗が怖い
高い成果を挙げている	周りを失望させたくない
何事にも積極的	結果的に先延ばしばかり
いつも穏やかに見える	じつは夜はよく眠れない
頑張り屋	能力不足
成功者	怖がり屋
なんでもこなす	うまく境界線を引けない／「ノー」と言えない
有能	燃え尽き症候群
やる気がある	責任感が強すぎる
問題を解決できる	孤独

私が、自分のHFAを理解する取り組みを開始した時点で最初から自覚していたのは、「影の側面に向き合いたくない」という気持ちだけだった。それまでは自分が不安を抱えているのを周りに知られるのが恥ずかしかったので、世間に受けのいい、高い評価をもらえる部分しか見せないようにしていた。もちろん、誰だってある程度はそうだろう。とはいえ、完璧でありたい、失敗したくない、批判を受けたり、失望されたくないというプレッシャーが強すぎると、いずれは心が折れてしまう。

つまり、〝本当の自分〟をいつまでも心の中に閉じ込めておくことは不可能なのだ。自分の欲求を無視して、必要な境界線を引くことを怠り続ければ、心身は疲労し、不安にとらわれて、いつも〝何かが違う〟という違和感を抱えたまま生きることになる。そうなれば、物事の責任をとったり、優秀な業績を挙げたり、常に冷静であったりといった、最初は良いことだったはずの振る舞いも、いずれは自分を追い詰めることになる。だが、本当はもっといい生き方――恐怖に駆られることなく、地に足をつけて、〝あるがまま〟に生きる――が、できるはずなのだ。

ではここからは、HFAが示す二面性の典型的な7つのタイプについて、そうした特徴が普段の行動にどのように表れるのか、また、それが表れたときにどうやって自覚すればいいのかを見ていこう。さらにHFAの各行動タイプについて、私なりの分析を加え、それぞれがどのように影響するのかを説明する。

ここでは例として、実際のクライアントである〝サラ〟のケーススタディも載せてある。それではまず、彼女のプロフィールを紹介しよう。

ケーススタディの前提

サラは法律事務所の役員で、仕事のできる人だった。だが、私のもとに来たとき、彼女は強い不安を抱えていて、幸せな生活が送れていないと訴えた。物事を考えすぎてしまうせいで、自己不信におちいり、成果を挙げなければならないという焦りから、心が疲れきってしまっているようだった。

職場では、周りをひっぱってプロジェクトを主導することも多い。だが、じつのところ、仕事とプライベートのバランスをうまくとれないでいた。家でも仕事に追われていて、自分のやりたいことをする時間がない。有給を取るのは、前々から予定を立てていた旅行に行くときだけ。

はた目には成功者であり、高い成果を挙げているように見えるが、内心は不安を抱えているせいで、仕事と私生活の両方に支障をきたしていた。適切な境界線を引くことができず、常に後ろめたさのようなものを感じていて、恋愛もうまくいかない。それに、頭の中でいつも仕事の進展を気にしているせいで、気疲れしてしまっている。サラはそんな状態だった。

ではここから、ＨＦＡの人が持つさまざまな行動タイプの二面性について見ていこう。それぞれの説明を読んだら、最後についている「振り返りのためのチェック」を見ながら、それが自分や自分の行動パターンに当てはまるかを少し時間をとって考えてみてほしい。ごまかさずに正直に答えれば、自分自身について驚くような発見ができるはずだ。

HFAの行動タイプ1
なんでもできる人×責任感過剰な人

自分の人生に責任を持ち、他人（あるいは予算やシステムやチーム）に対しても責任を果たせるあなたは、周りからは〝なんでもできる人〟と見なされている。たしかに、どんなときでも冷静で、状況をよく把握していて、複数のことを同時にこなせているように見える。つまるところ責任感の強さというのは、周りの人や状況、出来事を常に気にかけている、情の厚さの証でもあるわけだ。

だが、ＨＦＡに悩む人はすぐに〝いきすぎて〟しまう。そして、ほかの人の仕事や失敗の後始末、さらにはマイナスの感情まで引き受けてしまいがちだ。自分の欲求を他人の欲求に合わせることで安全を確保する、というのがＨＦＡの人の常套手段だが、それを長く続けすぎて、場合によっては自分がいま何をしているのかすらわからなくなる。ついには、自分の気持ちと他人からの期待の区別がつかなくなり、心が疲れ、自分自身のことが見えなくなってしまう。これが責任感過剰だ。

責任感過剰になると、物事がうまくいかなかったとき、たとえそれが自分にはコントロールしようのないことだったとしても、罪の意識を感じるようになる。また、すべてをつながなくこなして、なんとか乗りきれているあいだは心は満たされるが、働きすぎによる疲労やストレスのせいで、燃え尽きてしまうこともある。責任感が強すぎる人は、重い負担を背負いがちだし、オンオフを切り替えるのが苦手なのだ。

ケーススタディ

サラはやらなければならないことが多すぎると訴えていたが、じつのところその多くは他人のための仕事だった。彼女は境界線を引くのが苦手で、誰かに仕事を頼まれると「ノー」と言うのに良心の呵責を感じてしまう。だから机も手帳も、ほかの人の仕事でいっぱいになっているのが当たり前の状態だった。

あるとき同僚が病気で休職して、上司がその穴埋めをどうするか悩んでいたところ、サラはそれをすべて引き受けた。そのせいで、丸々2人分の仕事をこなすことになり、最後には疲れきってしまった。なぜそんなことをしたのかとカウンセリングで聞いてみると、上司を気の毒に思って、喜ばせてあげたかったのだと彼女は言った。しかし結果的に、自分の幸せは犠牲になってしまったわけだ。

●分析

ＨＦＡの人が他人の責任を引き受けるのは、軋轢を避けたいからであることが多い。波風を立てたくないために、誰かを怒らせたり、拒絶にあったりするようなやっかいな会話や対立のリスクを冒すくらいなら、余計な負担をしょい込む方がマシだと考える。こうした行動は幼少期の環境に端を発していることが多く、彼らはそれを大人になってからの恋愛、仕事、友人同士の人間関係に持ち込んでしまっている。

●行動パターン

責任感過剰な状態から抜け出すのは難しい。なぜなら、「自分を頼りにしている人たち」という外的な要因だけでなく、「自分が有能だと思いたい、争いを避けたい」という内的な要因によっても強化されるからだ。しかし、背負う責任が増えれば増えるほど、まるで皿回しの芸人が多すぎる数の皿を落とすまいと頑張っているかのように、徐々に疲れがたまっていく。そして、そのうちの1枚を落としてしまった時点で、罪の意識にさいなまれる。これは長続きしないし、本人にとっても良い状態ではない。

●振り返りのためのチェック

□普段から、ほかの人の仕事を引き受けがちではありませんか？

□好きな人が不機嫌になったとき、自分が何かまずいことをしてしまったからだと思い込んでいませんか？

□ほかの人の失敗の後始末をしたり、感情のケアをしたりすることが多いですか？

HFAの行動タイプ2
高い業績を挙げる人×状況をコントロールしようとする人

前にも述べたように、ＨＦＡを抱えて生きる人は、高い業績を挙げる傾向にある。有能であり、影響力のある仕事に就いていたり、所属する組織のなかで重い職責を担っていたりすることも多い。彼らは素晴らしい仕事をするし、何をやってもこなせてしまうように見えるため、同僚や上司、部下から評判もいい。だが内心では、自分の人生のある側面を——いや、場合によっては複数あるいはすべての側面をコントロールしようと、やっきになっているのだ。

自分の思うとおりの人生を送りたいと思うこと自体は、悪いことではない。ただ、すべてをコントロールしようとすれば、やがては疲れきってしまうだろう。またこうした欲求は、人によって表れ方が異なるということを知っておくのも大切だ。HFAを持つ人のなかでも、物事が計画通りに進まないとパニックになってしまう人もいれば、自分の感情を表現することのほうに問題を抱えている人もいる。

ケーススタディ

サラは、職場で起こりうるありとあらゆる状況をいつも頭の中でシミュレーションしているせいで、疲れていたと言う。あるとき上司から、何を話し合うのかを告げられないままに、会議の準備をしてくれと頼まれた。すると彼女はたちまち不安になり、最終的には、大失敗をやらかして、クビになるのではないかとまで考えはじめた。

もしその会議の趣旨を知っていれば、そのための準備ができて、自分の気持ちもコントロールできただろうと彼女は言う。だが実際には、議題がわからないことで気持ちが沈み、会議をうまくまわせるのか不安になった。落ち着きを失った彼女は、その姿を周りからどう見られているか心配になり、さらに不安は増していったのだった。

・・・・・・・・・・・

●分析

何かをコントロールしたいという欲求は、不確かなことに対する不安――あるいは、人生が制御不能におちいっているという恐怖――に根ざしているのかもしれない。そして、こうした感覚に対処するために、ＨＦＡの人は、それ以外の領域をコントロールしようとしはじめる。不確かなことは人生につきものなのだが、それそのものと折り合いをつけるのが難しい場合は、それ以外のすべての要素をコントロールしたいという強い欲求がわいてきてしまうのだ。

また、不確かなことがあるというのは、心配をしたり考えすぎたりする余地があるということでもある。だからＨＦＡの人たちは、できるかぎり多くの結果をコントロールしようとすることで、不安を和らげて、自分を落ち着かせようとする。要は彼らは、この世界や自分をとりまく状況を制御できないと悟ったとき、そのかわりに自分自身や自分の手の届く範囲のものを必死になってコントロールしようとする傾向があるわけだ。

●行動パターン

HFAの人が物事をコントロールしたがるのは、仕事を進める際に、ほかの人を信用できないということにも起因している。だから責任を背負って、すべてを自らの手で終わらせようとする。加えて、その仕事の出来映えが素晴らしいために、周りからの〝ハイパフォーマー（優れた結果を出す人）〟という評価はさらに不動のものとなる。こうして、彼らが多くの要素をコントロールして成果を挙げれば挙げるほど、さらに多くの要素がコントロールできるようになり、やるべきことが増えていくという終わりのない悪循環が続いていくことになる。

●振り返りのためのチェック

□どんなことにも全力を尽くすタイプですか？

□ほかの人を信用して、仕事を最後まで任せることがありますか？

□何かをするとき、人に任せるより、自分でやったほうがうまくいくと思っていませんか？

HFAの行動タイプ3
完璧主義者×ハードワーカー

一般に完璧主義者というのは、人や物事への洞察が深く、常に落ち着いていて、だからこそしっかりと責任を果たせるのだと信じられている。はた目には、勤勉で几帳面であり、めったにミスをせず、細部にまで注意を払う人のように見える。そして、高い水準で仕事をこなす働き者として信頼されている。

たしかに完璧主義は、健全な程度にとどまっていれば、やる気はわいてくるし、成功への原動力にもなる。だがそれが不健全なレベルに達すると、不安の底なし沼へと真っ逆さまだ。HFAの完璧主義者は、自分にも他人にもありえないほど高い水準を課して、それがクリアできないと、不安や不満、憤りを感じるようになる。自分自身の欠点をすぐに見つけ、ミスを必要以上にあげつらう一方で、他人からの褒め言葉を受け入れたり、自分の成功を祝ったりすることがうまくできなくなってしまう。

ケーススタディ

初めてサラがセラピーに顔を見せたときのことだ。何を求めてここに来たのかと尋ねた私に、

「治療してほしいんです」と彼女は言った。「なぜ治療が必要だと思うのですか?」と聞くと、「だって、私は成功していないし、目標を達成できていないんです」という答えが返ってきた。

しかしサラは、仲間うちでは優秀だと思われていたし、職場では表彰されたこともあったのだ。話を聞いていくと、彼女は自分に対する期待が極めて高く、その基準に達しないと自罰的になるということがわかった。さらに、自分に思いやりをうまく持てないために、さまざまな状況で自然と内なる批判の声が高まり、〝完璧でない〟自分を責めてしまう。

●分析

外面《そとづら》の良い完璧主義者の仮面の下には、なんでも人のいいなりになってしまう気弱な人格が隠れていることが多い。完璧主義の原因としてはまず、内なる理想が高すぎることが挙げられるが、同時に、他人からどう見られるかを気にしすぎてもいる。さらにもうひとつ、失敗への根深い恐怖心もあり、それが人生のあらゆる側面をコントロールしたいという強迫観念につながっている。要は、不確かなことから身を守るため、常に完璧であることを自分に課そうとするのだ。

●行動パターン

ＨＦＡの完璧主義者は、周りを喜ばせつつ、自分に課した極めて高い基準をクリアするという無理難題に挑んでいるために、肉体的にも精神的にも疲れきっている。そのせいで人間関係に支障をきたし、最後は燃え尽きてしまうこともある。また、失敗したくないので仕事を先延ばしにしたり、仕上がりを完璧にしようと集中しすぎて、休みをとるのを忘れていたりする。結果として、やるべきことや完璧にしなければならないことを常に抱えながら、終わりのない道のりを歩き続けるハメになる。

●振り返りのためのチェック

□他人からの批判を受け入れるのは苦手ですか？

□仕事の休みをとりづらいですか？

□自分にも他人にも高い水準を求めがちですか？

HFAの行動タイプ4

動じない人×過度な心配性

人生には、ある程度の心配や不安はつきものだ。まだ払っていない請求書があったり、近々就職面接を受けなければならなかったり、初対面の人と会うことになっていたりすれば、緊張するのは当たり前。それこそが、私たちが人間であり、血の通わないロボットではないことの証拠だと言える。しかしＨＦＡの人は、はた目には自信に満ちていて、ほとんどストレスを感じていないように見える。だから多少、何かを心配するそぶりを見せたとしても、それは単に誰かに対する思いやりや同情か、勤勉さのせいであり、本人はいたって冷静で動じていない。周りからは、そう見えるのだ。

だがじつのところ、頭の中ではありとあらゆることを分析し、考えすぎている。そのせいで、何気ない会話や、ちょっとした決断や行動の一つひとつに常に心配がつきまとう。この絶え間ない心配が、最後にはストレスやパニック、不安を引き起こすのだが、表面上はあくまで冷静に見えるので、誰もそのことに気づかない。そのせいで本人は孤独を感じ、〝本当の自分〟は誰にも受け入れてもらえない恥ずかしい姿なので、隠さなければならないと思い込んでいる。

ケーススタディ

ある日のセラピーで、サラはこう言った。「脳のスイッチが、いつもオンになっている気がするんです。でも誰もそれに気づきません」。ただ、彼女は誰かに自分の胸のうちを知ってもらいたいと思っていたわけではなかった。なぜならそれは恥ずかしいことだし、自分のことを〝ダメな人間〟だと思い込んでいたからだ。どう〝ダメ〟なのかと尋ねると、「私は誰にも好かれていないんです。つまらない、退屈な人間なので」と言った。

こうした思い込みが根っこにあるために、彼女は常に拒絶におびえながら、身の回りの状況を判断していた。例えばカフェで待ち合わせをしていて、友だちが遅刻をしたとする。普通なら相手が来るのを待っていればいいだけのことなのに、彼女は、もしかしたら友だちはもう来ないんじゃないかと心配したり、自分が1人でカフェにいることをほかの客はどう思っているんだろうかと気をもんだりしてしまう。

●分析

過度な心配性とは、要は物事や人や状況を、実際よりもはるかに悪い方向へ解釈してしまうことだ。この心配の根本的な原因は〝恐れ〟であり、それは脳が常に「もし〇〇だったらどうしよう？」という問いかけをし続けていることに端を発している。もし失敗したらどうしよう？　もしこれがうまくいかなかったら？　もしこれが間違っていたら？　もしこれを気に入ってもらえなかったら？　もし怒られたら？　脳はこうした〝もし〟を危険と判断し、例えば仕事のメールでたった1箇所タイプミスをしただけで、自分がクビになる姿を思い描くところまでエスカレートしてしまうのだ。

●行動パターン

「もし○○だったらどうしよう？」という問いかけをするたびに、脳は底なし沼のように最悪のシナリオを想像し続け、気づかないうちに心は不安に完全に支配される。そんなことばかり考えていれば疲れてしまうのは当たり前だし、それが自分の意思では止められないのであればなおさらだろう。さらにまずいのは、こうした思考が当たり前になり、無意識のプロセスとして定着することで、〝いつものパターン〟になってしまうことだ。

●振り返りのためのチェック

□身の回りの状況について、考えすぎていると思うことはありますか？

□「もし○○だったらどうしよう？」という考えにとりつかれていませんか？

□周りからは、冷静な人だと思われていませんか？

HFAの行動タイプ5
成功者×怖がり屋

人は概して失敗を恐れるものであり、常に〝怖いもの知らず〟でいられる人間はまずいない。失敗への恐れは、健全な形であれば、努力や頑張りを後押ししてくれて、ひいては成果や成功につながっていく。ＨＦＡを持つ人が高い業績を挙げ、成功者として尊敬されていることが多いのは、このためだ。

だが、失敗への恐れが不健全なレベルにまで達すると、恐怖で体がすくみ、前に進めなくなる。挑戦して失敗するくらいなら、そもそも何もしないほうを選ぶようになるからだ。そうすれば、痛みや恥や失望を感じずにすむ。だがそれでは、夢を追うことも、自分の可能性を追求することもできなくなってしまう。

ケーススタディ

サラはこれまで、自分が失敗だと思ったこと、自分自身を許せないと思ったことをすべて、〝心のファイル〟に記録し続けてきたという。私とのセラピーですら、最初のころはうまくいかなかったときは自分を責めていたそうだ。また、デートに行って相手といい雰囲気になったと思っていたのに、その数日後に自分から完全に連絡を絶ってしまったこともあるという。「何度も何度もその日のことを思い出して、あれは間違いだったかもしれない、これは失敗だったかもしれない、と考え続けてしまったんです」と彼女は言う。しかも、もっと違うやり方をすれば、そうした〝失敗〟を避けられたのではないかと思い悩み、動揺して、自分自身に対してずっと怒りを感じていたそうだ。

●分析

人はさまざまな理由によって、失敗を恐れるようになる。例えば子どものころ、両親が厳しかったとか、家庭がうまくいっていなかったとか、いじめやトラウマになるような出来事を経験したとか……。たしかに、何かに失敗して恥ずかしいと思ったり、動揺したりした場合、そうした感情が、その出来事のあともずっと残り続けるということはあるだろう。だがここで大切なのは、こうした感情は、そこで起きた事実そのものよりも、それをあなたがどう捉えるか、あるいはその事実があなたにとって何を意味するかのほうに、より深く影響を受けるということだ。要は失敗とは、〝しくじったという気持ち〟がまず先に起きて、それが〝失敗した経験〟として心に定着するものなのだ。

●行動パターン

失敗にはさまざまな感情が伴うが、そのなかにはひとつとして愉快なものはない。当惑、不安、怒り、悲しみ、羞恥――これらはどれも失敗という経験の一部であり、それゆえ私たちは、何としてもそうした感情を避けようとする。その結果、疲れ果てるまで執拗に成功を追い求めるか、逆に挑戦を怖がるようになる。しかも前者の場合、成功することでさらに失敗を恐れるようになるかもしれないし、後者ならその後も挑戦から逃げ続けるようになるかもしれない。

●振り返りのためのチェック

□失敗をするのが怖いですか？

□他人にどう思われているかが気になりますか？

□自分の達成したことを誇らしいと思えないことが多いですか？

HFAの行動タイプ6
適切な境界線を引ける人 × 失望させる人

人から助けを求められたとき、気遣いや思いやりを示せるのは良いことだ。相手が自分の好きな人だった場合には、なおさらそう言える。助けを求める声に対して「イエス」と答え、相手をがっかりさせないように手間をいとわなければ、あなたは周りから親切な人だと思われる。そして、ここまでの説明ですでにおわかりのとおり、ＨＦＡに苦しむ人は自己肯定感を得るために、外からの評価を極めて大切にしている。だが繰り返しになるが、そうした感覚はあくまで外的な要素に依存したものであり、しかも時には自分の本当に欲しいものを犠牲にしてまでそれを求めてしまう場合がある。そのことを、まずは自覚しなければならない。

また、周りを失望させたくないという気持ちは、人におもねること——つまり、頼まれたことに「ノー」と言えず、適切な境界線を引けないという状態につながりかねない。すると自分の欲求よりも他人の欲求を優先したせいで、ストレスを感じ、燃え尽きて、疲れきってしまうことになる。そして最後には、他人をうらんだり、境界線が次々と崩れていくことにもなりかねない。

ケーススタディ

サラは境界線を引くのが下手で、結果的にそれが不安のもとになっていた。私のカウンセリングを受けていた当時、サラは妹と一緒に住んでいたのだが、妹は、サラが仕事を抱えているときでも勝手に彼女の部屋に入ってきて、話をしはじめることがよくあった。なぜ「いまは忙しい」と妹に伝えないのかと尋ねてみると、「悲しませたり、がっかりさせたくないからです」とサラは答えた。

しかしそのせいで、仕事を終わらせるために、無理をして夜遅くまで起きていなければならないハメになっていた。妹の感情という重荷をしょい込んで、ただ妹の機嫌をとるために、境界線を曖昧にしていたのだ。カウンセリングでこうした事実を一緒に掘り下げていった結果、妹だけでなく、ほかの多くの人にも同じような形で自分に接するのを許していることが発覚した。つまりサラは、他人をがっかりさせるのが怖かったので、自分はいつでも〝空いている〟とアピールしていたのだ。

●分析

失望というのは複雑な感情であり、うまく対処するのが難しい。そこには喪失感や悲しみ、恥ずかしさや当惑、怒り、フラストレーション、恐れなどさまざまな負の感情が含まれている。私たちが誰かを失望させたくないと思うとき、実際には拒絶されることへの恐れ、つまり〝本当の自分〟を受け入れてもらえないことへの恐怖を感じているのだ。

だからこそ、私たちは周りからの承認を得ようとして、常に他人を喜ばせようと努力し、頼みに対して「ノー」と言えなくなる。そして〝境界線〟がぼやけていく。境界線は、私たちが「どのような人間であるか、あるいはどのような人間でないか」を規定し、さらに人生において、「誰とつきあい、何を許容し、何を排除するか」を決めるものだ。つまり、単に相手をがっかりさせたくないという理由で、ほかの人にこの境界線を侵すことを許すというのは、〝本当の自分〟を自ら否定することにほかならないのである(境界線についてはステップ４で詳しく説明する)。

●行動パターン

誰かをがっかりさせるのが怖いという理由だけで行動を決めるのは、自分で自分の頭を壁に打ちつけているようなものだ。なぜなら、いくら努力しても、他人があなたについてどう思うかをコントロールすることは不可能だから。失望というのは非常に個人的なものだ。特定の状況に対する反応は人それぞれであり、誰かにとっての一大事も、ほかの誰かにとってはとるに足りないことかもしれない。よって、失望という感情を制御するのは極めて難しい。結局あなたは、物事の結果も、それに対する他人の反応もコントロールできないのに、なんとかして周りを喜ばせようとし続けるという、不毛なパターンにおちいってしまうのだ。

●振り返りのためのチェック

□誰かを怒らせはしないかと、いつも心配していませんか？

□人の頼みを断ることに抵抗がありますか？

□周りをがっかりさせたくないと、不安に思っていませんか？

HFAの行動タイプ7

なんでもやりとげる人 × やりすぎる人

なんとか目標を達成しようと常に自分を追い込んでいると、周りからはまるでお手本のような、〝なんでもやりとげる人〟だと見なされることがある。誤解しないでほしいのだが、大きな目標を達成するために努力すること自体は素晴らしいし、豊かな人生の1ページでもあり、学びを得る絶好の機会でもある。ただここで問題なのは、その目標を追いかける理由が、自分が心から望んでいるからなのか、はたまた自分の存在価値を証明するために他人からの承認や称賛を得るためなのかということだ。

そして、周りからの承認ばかりを求めるHFAの人たちは、何を達成しても満たされることがない。なぜなら、ここで彼らが欲しがっているポジティブな感情の出どころが、自分が望む目標を達成したという内的な満足ではなく、他人からの称賛という外的なものだからだ。だから結局は次から次へと成果を欲しがり、最後には燃え尽きてしまうというパターンになってしまう。つまり、〝持続可能《サステナブル》〟ではないのだ。

ケーススタディ

サラはその年の最優秀社員に選ばれ、それ以外にも職場で多くの賞や栄誉を獲得していた。にもかかわらず、自分の仕事をもっと〝良く〟するべく努力を続け、なんでもできる人間だと思われようとしていた。たとえ、どんなに時間がかかろうとも。

その結果、職場ではおおいに称賛され、評価を得ることができたが、プライベートが犠牲になった。仕事を頑張りすぎて、自分に向き合う時間も、友人や家族や恋人と一緒に過ごす時間もとれなかった。不安は大きくなっていったが、それでも余分な仕事を引き受けることをやめられなかった。

●分析

夢を実現するために、頑張って働くのは悪いことではない。だが、仕事に人生を〝のっとられてしまう〟――忙しすぎてほかのことができなくなったり、そもそもそれが本当にやりたいことなのかを考える余裕すらなくなってしまう――のは問題だ。それはまるで自分の尻尾を飲み込もうとするヘビのようなもので、つかの間で消えてしまう達成の喜びと他人からの称賛を求めて、ぐるぐると同じところを回り続けるハメになる。サラは自分が価値ある存在だと他人から認められたいがあまり、自分のための時間をとることも忘れ、いまにも燃え尽きようとしていた。

●行動パターン

他者からの承認を追い求めるのは、ドラッグで高揚感を得ようとするのと同じだ。つまり、その場は楽しくてもすぐに効果は切れてしまい、ふたたび同じ快感を味わうためには、より多くの量が必要となる。サラは周りから「すごい」と言われるのが好きだった。そうすれば承認欲求が満たされるからだ。だから彼女はプライベートを犠牲にして、心の健康を害してまで、仕事で一番になろうとして自分自身を追い込んでいったのだ。

●振り返りのためのチェック

□元気がないときでも、必要以上の努力をしようと頑張っていませんか？

□やりたくないと思うような仕事も引き受けていませんか？

□ひどい疲れを感じたり、燃え尽きたような感覚になることがありませんか？

現状を把握しよう

ここで少し時間をとって考えてみてほしい。これまでに紹介した行動の二面性のなかで、あなたの性格や過去の経験に当てはまるものはあっただろうか？　以前には気づかなかったような行動パターンが見えてきただろうか？

ちなみに私は、自分自身の行動パターンを把握しはじめたときのことをいまでもはっきりと覚えている。まさに光が差した瞬間だった。もちろん、そのときすぐに感情がコントロールできるようになったわけでも、自分の行動を正当化できたわけでもない。だが、〝答え〟が見えたのだ。つまり、自分を責めたり、どこかおかしいに違いないと思い悩むのをやめることができた。私の人生は、そのときから変わりはじめた。

ステップ1まとめ

では、ステップ1の内容をおさらいしよう。まず、ＨＦＡとはどのようなもので、それが人によってどのような形で表れうるか。そして、一部についてはその原因についても学んだ。また、ＨＦＡの7つの主な特徴を紹介し、それぞれのタイプで特有の行動の二面性を取りあげた。

ステップ1の目的は、HFAがどのように表れるかに目を向け、そうした特徴が自分自身にも当てはまるのかを考えてもらうことだった。ただ、ときおりこうした感覚を経験したとしても、何の問題もないということを忘れないように。問題になるのは、そうした感情に〝支配〟されて、生活の質にまで悪影響が出ている場合だ。

とはいえ、自分がHFAの傾向を持っていることを自覚するのは、はじめの一歩にすぎない。次に、いまあなたが世間に見せている〝自分〟と、心の中で見つけてもらうのを待っている、美しい〝本当の自分〟を結びつける必要がある。心の中にこそ、自分の本来の姿を理解するためのヒントと、あなたが求めるすべての答えが眠っている。もちろんそこにたどり着くのは簡単ではない。だが、本書をここまで読んできたあなたは、すでにその道を歩みはじめているのだから、自分を褒めてあげよう！

では、ステップ2に移ろう。

STEP

2

自覚したパターンを読み解き、隠れた思い込みを明らかにして、影に向き合う

さてここまでで、ＨＦＡとそれに関連する特徴やパターンを知り、それが人生にどのような形で表れるかもざっと確認した。では、ここからは中身を掘り下げていこう。

ステップ２では、自分自身のパターンをより深く知り、なぜそのような生き方をしているのかを理解するため、潜在意識の中を探っていく。また、過去の経験が現在の感覚にどのような影響を与えるのか、あるいはなぜ自分がとるに足りない存在だと思ってしまうのかについて見ていくことにする。

考古学者が地層をさかのぼって発掘を進めていくように、自分の経験の地層の奥深くに潜っていき、ＨＦＡの原因を明らかにしよう。目の前に道筋が見えてくるような知見が、きっと手に入

るはずだ。

前に進むために、過去に戻る

本書の目的は、型にはまった古い考え方や染みついてしまったパターンを捨て去り、新たな心構えや見識を獲得して、これまでとは違った視点から人生に向き合えるようにすることだ。過去にさかのぼって、どうしてＨＦＡになってしまったのかを明らかにすることで、自分の人格の中の、現時点では統合されていない側面――これまで無視し続けてきたか、あるいはそこにそうしたものがあることすら気づかなかった側面――に、あらためて光を当てる。いまのところ私たちは、自分というジグソーパズルのバラバラのピースを持っているだけで、完成図が描かれた箱がないような状態だ。その完成図は、自分について理解してはじめて見ることができる。

だからそれまでは、自分は不完全で、何かが欠けているという気持ちになるのも当たり前だ。その欠落を埋めようと、死にものぐるいで頑張ってしまい、その途中で自分を見失ってしまうこともあるだろう。私たちは、〝自分には価値がある〟と一時《いっとき》でも思おうとするあまり、誰かの頼みに「ノー」が言えず、人の望むことばかりをして、周りの目を気にしつつ、必死になって生きてきた。こうした行動のせいで、自分よりも他人の都合を優先し、自らが望むような道を歩んでいくことができない。

つまり、私たちは常に忙しく動き続けることで、自らの考えに向き合わなくてもすむようにしているのだ。ドラッグやセックスやアルコールに溺れたり、ワーカホリックになったり、スマートフォンをいじり続けたり。自分の心と向き合うのが苦しいので、何かに没頭することで無理やりに気をそらす。そうして私たちは、自分自身の受け入れられない部分を無視する。ほかに折り合いのつけ方を知らないか、そもそもそうした部分に苦しめられていることにすら気づいていない。

孤独を感じたくないがために、とにかく誰かとつながる。うわべだけの関係なので心は満たされないが、何もないよりはマシだと思ってつきあいを続ける。あるいは気を紛らわすために、やけ食いをしたりすることもあるだろう。つまり私たちは、「周りにうまくなじめていない、望むような人間関係を築けていない」と気づいていたとしても、そうした気持ちに向き合わないのだ。そのままの生き方を続けているせいで、心の奥底に抱えている痛みやむなしさを感じる暇すらないのである。

自分自身から逃げることはできない

これでは痛み止めを飲んでいるようなものだ。一時的に痛みは紛れるかもしれないが、痛みの原因を取り除いてはくれない。そして、原因を無視して痛み止めを飲み続ければ、やがて耐性がついて、同じ効果を得るのにより多くの量が必要になる。ＨＦＡの人は己の内面から目をそらすために、さまざまなことをして気を紛らわせ続ける。だが、こうした気晴らしは痛み止めと同じで、ＨＦＡの根本的な原因を治してはくれない。

しかも、こうした状態は長続きしない。たとえ何をしようと、その時々の気持ちは心に残るからだ。もしあなたが、〝外の世界〟で成果を出すことに集中して、周りからの評価ばかりを求めて生きてきたのだとしたら、それは〝内なる感覚〟――本当は、深くて親密な、心から満たされるような人間関係を望んでいるあなたの心――を後回しにしてきたことを意味する。そのせいで、本来であればこのうえない安心を与えてくれるはずの自分の本質的な側面が、逆に足かせとなり、前に進むことに対する不安を周りの環境に投影してしまうことになる。

いつまでも自分自身から逃げ続けることはできない。例えばあなたが成長の過程で、「こんな行動をしたり、このように振る舞えば褒めてもらえる」と学んだとする。するとあなたは、その後もそうした行動をとり続ける。褒められれば気分がいいし、自分が注目されている、評価されている――要は、〝愛されている〟と感じられるからだ。

そして大人になったとき、こうした行動パターンはすっかり人生の一部になっている。高い業績を挙げれば褒められるし、周りの人も喜ぶことがわかっているからだ。「周りの人を喜ばせることができるということは、自分には価値があるのだ」、あなたはそう考える。だが、それは裏を返せば、周りの人を悲しませることは拒絶されたのと同じであり、イコール自分には価値がないということになってしまう。

私は子どものころ、両親に言われて学校のほかにも特別な授業を受けていた。自分たちが子どものころに教育の機会に恵まれなかった両親は、とても教育熱心だった。ベストを尽くしてほしいという期待を受けているのがわかっていたので、私はできるかぎり勉強を頑張った。両親を喜ばせたかったのだ。もし成績が悪かったら、両親はがっかりするだろうし、きっとどんな手段を使ってでも私を助けようとするだろうと思っていたからだ。

そうして私は優秀な成績をとるようになり、それによって先生たちからも褒められることを知った。そしていつしか、それが当たり前になった。両親や先生の期待にできるかぎり全力で応えるというのが、私の〝ルール〟になったのだ。いまになって思えば、しごくあっさりとある種のパターンにおちいってしまったわけだ。

過去の経験から形成されたこうした行動パターンは、人を前へと駆り立てる。私も次から次へと新しい功績を求め続けた。立ち止まって、自分が本当に望んでいるものを見極めようとは一切しなかった。そもそもそんなことが自分にできるとすら、思いもしなかったのである。

自分の2つの面を統合する

こうした生き方から真の意味で抜け出すための唯一の方法は、心の奥底に潜り、そこにある痛みや闇と向き合うことだ。もちろんそれは怖いうえに、一大決心が必要な気がして、なかなか実行には移せないだろう。なにせ、いままで自分でコントロールできていると思ってきたものをすべて手放すことになるからだ。身についた古い行動パターンを捨てるというのは、いままで青だと信じてきた空の色を、とつぜん緑だと言われるようなものかもしれない。

また、ここでもうひとつ注意しておくべきなのは、私たちは自分がこうした行動パターンにおちいっているという自覚がないことだ。古いルールが通用しない場面に出合ってはじめて、何かがおかしいことに気づき、別のやり方を探さざるをえなくなる。そのときこそ、単なる対症療法ではなく、根本的な原因を治療できるチャンスだ。

たしかに変化は恐ろしいかもしれない。だが、幸せを感じられない場所で恐怖とともに生きるほうが、もっと恐ろしい。

ステップ2では、いままであなたが触れてこなかった心の側面——恐れや恥ずかしさのために、否定し、隠してきた本当のあなた――を再発見するお手伝いをしよう。ただ私は、あなたがそうした側面からあえて目を背けてきたとは思っていない。自分がそうしていることに、気づかなかっただけなのだ。そうした気持ちを隠すことがあなたなりの生存戦略になっていて、それがあまりに身につきすぎているがゆえに、意識すらできなくなっていたのだろう。

しかしいまこそカーテンを開けて、そこにある嫉妬や妬み、欲といった感情や、怖がりで依存心が強く、意地っ張りな性格など、自分でも好きになれない部分も含めたすべてに目を向けるときだ。これがステップ1でも触れた、私たちの〝影の部分〟だ。これは自分の一部でありながら、普段は隠れたままになっている、恥ずかしくて人に見せられないと思い込んでいる側面だ。

だが、あなたがそうしてこれまで影の部分を隠し続けてきたのは、単にそれを正しくコントロールする方法を知らなかったからにすぎない。いまならそうした感情に、しかるべき説明と意味を与える方法を学ぶことができる。そして自分の影の部分を受け入れて、そこにあったものを統合することで、これまでのセルフイメージを更新し、自分の全体像を見つめることも可能になる。

いまこそ、自分の心の中にあるものとつながりを取り戻して、良い部分だけでなく悪い部分も統合した、〝完全な自分〟になるときがきた。

自分の中の2つの側面——後天的に学習して身につけた部分と、影の部分——を統合するには、後者と向き合い、感情をコントロールする方法を学ばねばならない。これは自己を発見し、認識していく過程であり、あなたが抱える問題の核心へとつながる道でもある。

この2つの側面を結びつけるというのは、要は自分の内なる世界への扉を開き、理解を深めるということだ。〝外から内へ〟ではなく〝内から外へ〟とアプローチを変えれば、自分の価値を外の世界に決めさせるのではなく、内なる世界とつながることで自分を肯定できるようになる。これによって、あなたの世の中の見方は大きく変わるだろう。

内なる世界へ

では、〝外から内へ〟から〝内から外へ〟とアプローチを変えるにはどうすればいいのか？　まず意識してほしいのは、私たちが世間に見せている外向きの人格は、過去の経験にもとづいてつくられたルールや信念に縛られていることだ。私たちは自分を安心させるためにこうしたルールや信念をつくりだしたのだが、その根底には嫌われることへの恐怖があるため、それはむしろ足かせになっている。つまり、内に秘めた思い込みに従って生きることで、自らの可能性を狭めてしまっているのだ。

自分で自分の価値を認められない人というのは、青い色眼鏡をかけているようなもので、その色でしか世界を見ることができない。他人の気持ちや反応に敏感になり、誰かの重荷になりたくない、いかなる形でも拒絶されたくないという思いから、自分の意見を言えなくなりがちだ。

例えば友だちの家でお茶を飲んでいるとき、集まったみんなが、その夜はやらなければいけないことが多いと言ったとする。もしかしたらそれは、単に予定を知らせようとしただけなのかもしれない。しかしあなたは、「帰ってほしい」という意味に受け取ってしまう。なぜかと言えば、誰かに迷惑をかけたり、邪魔をしたりしたくないからで、青い色眼鏡のせいで「これは嫌われる兆候だ」と思ってしまうからだ。こうして、そうと言われたわけでもないのに、友だちの家をすぐに出なければならないというストーリーをつくりあげる。

そしてこうした認知のゆがみが、人生に色をつけ、人間関係すべてに表れる。自らつくりだしてしまったこのようなルールが、外の世界におけるあり方や行動にいかに影響をおよぼすか、おわかりいただけるだろうか。

私自身の例を挙げると、ある日、ほかの人の予定が妙に気になってしまったことがあった。その日ジムに行った私は、トレーナーに何か聞きたいことがあったのだが、迷惑をかけることになるのではないかと気をまわして結局何も聞かなかった。じつのところトレーナーは質問の時間を設けてくれていたのに、勝手な思い込みのせいでその機会を棒に振ったのだ。つまり私は自分に対して嘘のストーリーを語ることで、勝手に罪悪感をつくりだしていたわけだが、のちに担当のセラピストにこの出来事について話すまで、この罪悪感の〝正体〟に気づかなかった。誰かに迷惑をかけたり機嫌を損ねたりすれば、嫌われてしまう。視野の狭かった当時の私は、そう思い込んでいたのだ。

もし嫌われてしまったら、どうしたらいいのかわからない。だから私は、それを避けるためならなんでもした。しかしその途中で自分を見失い、自信を喪失し、心の中は自己疑念でいっぱいになった。自分に対してとても高いハードルを課し、必要なときにも周りに助けを求めなかった。内心、〝自分はとるに足りない存在である〟と思っているせいで、それが外の世界での振る舞いや人生の選択にも表れた。当時は、この〝内なる戦い〟が自分対自分のぶつかりあいであることに気づいていなかったし、それを克服するためのツールがあることも知らなかった。

新しい生き方

だが、勇気をもって自分の内面に向き合うと、私たちは〝自分が自分と戦っている〟という事実に気づきはじめる。最初は、自分自身について知っていると思っていたことすべてが変わっていくために、その変化をとても受け止めきれないと感じるかもしれない。自分というパズルの完成図を把握するには、それを構成するピースすべてを取りまとめる必要があるため、その過程では大きく感情が揺れ動く。

しかし、問題の根本的な原因をつきとめなければ、過去の思い込みの呪縛から解き放たれて、人生を本当の意味で自由に生きることはできない。そしてすべての呪縛には、必ず〝根っこ〟がある。だから、表面に表れている部分をなんとかしようとするのではなく、その根っこを見つけて対処しなければならないのだ。

葉っぱがしおれ、花も実もあまりついていないリンゴの木を想像してみてほしい。水を多めにあげれば、しばらくのあいだは元気になって、葉が緑色に戻り、花も咲くかもしれない。だが、その木の本当の問題に対処しないかぎり、その元気は長続きしない。そこで土壌を調べて、根から吸収する栄養素のうち、何が足りないのかをつきとめる必要がある。葉っぱの色だけを気にしていては、表層的な問題にしか対処できない。時にはもっと深いところまで潜って、中で何が起きているのかを調べる必要がある。

これはおそらく楽な作業ではないだろう。だが、やる価値はある。心の奥への探検をはじめると、本能が目覚めるのがわかる。すると、問題に対する答えや解決策が、思いがけない形で、思いがけない瞬間に、頭の中に浮かんでくるようになる。つまり、創造力を潜在的な恐怖を膨らませるためではなく、新たな生き方を実現するために使うのだ。

自分自身に向き合いはじめると、地に足がついて頭がすっきりしてくる。自分を

信じて心の力を前向きに使うことで、持てる可能性を最大限に、ダイナミックな形で発揮することができる。

もちろん、罪の意識や羞恥心を感じるのが当たり前の場面はある。だが、そうした気持ちに押しつぶされることはもうない。私たちは想像力を操る方法を学べる。つまり、感情に流されて行動をしないように、自分の気持ちをうまく制御できるようになるのだ。

あなたは車を運転していて、〝あなたの感情〟が同乗者だとする。あるとき、あなたは道を間違えてしまった。つまり、自分では失敗だと思う行為だ。以前なら、〝恥ずかしさ〟という同乗者がハンドルを握り、運転をとって代わったはずだ。車にはほかの感情も乗っているのだが、彼らがハンドルを握ることはない。なぜなら、恥ずかしさこそが最も強い感情だったからだ。しかし、本書で紹介する練習をして、自分自身とちゃんと向き合えるようになれば、あなたはもうハンドルを手放すことはなく、自ら運転を続けられるようになる。

いなくなってしまった古い自分を懐かしむ

ただそうなると、あなたはいなくなってしまった〝過去の自分〟——すなわち、本当の自分が見えていなかったときに形成されたアイデンティティや社会的な役割――を懐かしみ、悲しみに暮れるかもしれない。しかしそれは、成長するためには捨てなければならないものなのだ。自分がこれまでに確立してきた行動パターンを手放すというのは、たとえそれがあまり良いものではないとわかっていたとしても容易ではない。脳は慣れを好み、変化を嫌う。もう赤ちゃんじゃないんだから、と言われても、けっしておしゃぶりを手放そうとしない子どものように。

要は、脳に慣れ親しんだものを〝安全〟だと感じているわけだが、その一方で頭のどこかでは、合理的に判断すれば古い行動パターンを捨て去る必要があることもわかっている。同様に、普段は周りから隠したり、存在自体を否定したりしている自分の〝影の部分〟を認めるのもまた、簡単ではない。だが、すべてを統合した、ありのままの心を手に入れるためには、そうした側面とも向き合わなければならない。さもないと、一生、影につきまとわれることになるだろう。

自分の本質を問いただし、魂の探求をすることは、実り多い行為だ。内面を深く見つめることで、隠れていた未開発の良い性質を発見して、それを「意識的自我」に組み込むことができるのだから。

これまであなたは、〝自分はとるに足りない存在〟であるという認識にもとづいて、人生の意味や目的を組み立ててきたかもしれない。だが本書のプロセスを経験すれば、〝自分には十分な価値がある〟という認識を土台にしてそれを再定義できる。結果として、いままでにないほど自分のことを深く理解したうえで、前向きで、無理なく長続きするような行動や振る舞いをとれるようになるだろう。

拒絶を怖がって、深いかかわりを拒むのはもうやめよう。いまこそ、新しい人間関係の築き方を学ぶときだ。

●振り返りのためのチェック

ではここで、ステップ1で説明したＨＦＡの行動タイプを思い出してみましょう。

□あなたの不安には、何か根本的な原因があると思いますか？

□自分がどのような恐怖に突き動かされて行動していると思いますか？

□恐怖を感じているとき、体はどんな感覚になりますか？

幼少期の体験の重要性

幼少期の体験は、心の奥深くに埋め込まれるため、その後もずっと影響を持ち続けることが知られている。つまり、「人生はいつ何が起きるかわからない」「他人の気持ちを決めるのは自分」「自分の気持ちはそれほど重要ではない」といった考え方を一度抱いてしまえば、それは大人になっても変わらない可能性がある。人はそれぞれ、自分自身や他人、世界に対して異なる捉え方をする。ならば私たちがコミュニケーションをとるときも、それぞれ異なった経験や視点にもとづいたやりとりになるということだ。

私はもともとは好奇心旺盛な子どもで、物事を知りたいという欲が強かったのだが、周りの人とやりとりをするうちに、徐々に自分のこうした性質を抑えるようになった。また家では、「女の子は家族の面倒をみるものだ」と教えられた。両親は私と兄弟に、自分たちが経験できなかったようなことをさせようと必死で頑張っていたので、その邪魔をしたり、余計な負担をかけたりしてはいけないと思ったし、両親が望む道から外れることに罪悪感を覚えていた。

このパターンは大人になってからも続き、私は周囲の期待を満たす一方で、その反応に依存するようになった。相手を喜ばせたいと思いながらも、反面、なぜ自分が望むようには受け入れてもらえず、愛されないのだろうと悩み、苦しみながら生きてきた。私の人生は、過去の経験によって形成された思い込みや行動のパターンが心の奥に沈み込み、大人になってからの振る舞いや生き方を縛るルールとなる様を、見事に物語っていると思う。ちなみに、いま挙げたような〝ルール――ある種の信念――〟は、いわゆる「コア・ビリーフ（中核となる信念）」と呼ばれるものだ。これについては、次のセクションで詳しく取りあげよう。

幼いころの体験は、目に見えない形で心に刻み込まれることがある。適切な方法を知らなければ、こうして心に刻まれたパターンを自覚したり、克服したりすることはできない。

幼少期の特定の体験が与える影響というのは、人間だけでなく、地球上のあらゆる生き物に見られる。それは生物としての基本的な性質のひとつであり、体の深いところに根ざした直感的なものなのだ。

ウミガメを例にとってみよう。卵からかえったウミガメの赤ちゃんは、浜辺の砂の傾斜や、打ち寄せる波、海面に反射する光などを手がかりにして、海を目指す。そして水の中にたどり着くことができた個体は、その後、広大な海での危険な旅を余儀なくされるが、成長すると自分が生まれたまさにその場所に戻ることができる。

なぜそんなことが可能なのか？　科学者たちによれば、ウミガメの赤ちゃんは生まれてすぐ、海に向かってよちよち歩いていくまさにそのときに、生まれ故郷である浜辺の磁場を体に刷り込んでいるからだという。そして大人になってから〝家〟に帰りたくなったときには、体が覚えているのと同じ磁場を持つ場所を探して戻ってくる。ところが、赤ちゃんウミガメがもがいている姿を見て、人間が手を差し伸べてしまったらどうなるか。そのウミガメには、磁場の刷り込みが起こらない。つまり、ウミガメがあるべき姿に育つためには、海への道を自ら発見するという経験がどうしても必要なのである。人間も同じだ。あるべき姿に成長するには、適切な条件がそろっていなければならない。

人は誰もがユニークであり、それぞれ違った個性と性格を持っている。したがって、求めるものも個人によって異なる。ただ、なんらかの形でネグレクトを受けると、海に向かう途中で人の手で抱き上げられてしまったウミガメと同じようになってしまう。ネグレクトは、それを受けた子どもの脳の〝配線〟に影響をおよぼし、思考体系をゆがめ、独特の行動パターンへと導いていく。つまり、人生の可能性を閉ざすような自己イメージが確立されてしまうのだ。

例えばあなたが幼いころに母親に捨てられたとしたら、その後、誰かと親しくなったり、頼りにするようになったりしても、いずれはその人も自分のもとを去っていくのではないかと思ってしまう可能性がある。それどころか無意識のうちに、その〝後ろ向きな期待〟を満たす人間に惹かれるようになり、最終的には自分を捨てるような相手ばかりとつき合うようになることすらある。あるいは、母親のときのように誰かに捨てられるのを怖がるあまり、関係をコントロールしようとしすぎて、結局は相手を遠ざけてしまうこともありうる。

あなたがこのような行動をとるのは、そうすることで身の安全が確保できると思い込んでいるからだ――実際には、逆に自分をいきどまりに追い込んでいるのだとしても。こうした行動によって、見られたくない自分の影の部分を隠しているのである。だが、こんなパターンにはまったままでは、自分がなぜそんな行動をとるのか自覚することも、己の中の光と影を統合することも、けっしてできはしない。

●振り返りのためのチェック

□成長する過程で、あなたはどのようなことを感じましたか？　正直に答えてください。

ただしこれは、誰かを名指して、非難することが目的ではありません。あくまでも自分の子ども時代について、しっかりと理解するためです。

□母親と父親、それにそのほかに育ての親がいれば、それぞれとの関係性を詳しく思い出してください。彼らはどのような様子でしたか？　以下に回答例を挙げます。

「父親はよそよそしかった」「母親はいつも側にいてくれた」「お手伝いさんは私が悪いことをすると、愛情を与えてくれなかった」「お手伝いさんはなんでも指図したがる人だった」

□次に、そのそれぞれの〝親〟との関係から、あなたの内なる子ども《インナーチャイルド》が学んだ〝教訓〟を書き出してください。例えば次のようなことです。

「だから私は、自分の面倒は自分で見なければならないのだと学んだ」「だから私は、自分は愛されているし、支えられているのだと実感した」「だから私は、良い子にして、愛してもらわなければならないと思った」「だから私は、相手の言うことを聞いていたほうが楽なのだと思うようになった」

□あなたはこれまでに誰かに何かをすることで、「愛してもらわなければならない」と思ったことはありますか？　もしあるのであれば、なぜそう思ったのですか？

……………………………………

……………………………………

□過去3回の恋愛を振り返ってみてください。そこになんらかのパターンのようなものがありますか？

……………………………………

……………………………………

……………………………………

私たちのコア・ビリーフ

コア・ビリーフというのは、長期間にわたって一貫して持ち続けている強い信念のことで、概してその人の世界観や自己認識に深くかかわっている。コア・ビリーフは私たちが世界を見るときのレンズのような役割を果たすもので、基本的には幼少期の経験をもとに、人生の早い段階で形成される。物事を判断するうえで役に立つこともあるが、逆に、自らに枠をはめて可能性を閉ざし、足をひっぱる場合もある。

例えば、「自分はダメな人間だ」「自分はどこかおかしい」といったコア・ビリーフを持っていれば、そのレンズを通して世界を見ることになる。すべてはその枠の中で、ゆがんだ形で見えるわけだ。すると、なんとかしてそのゆがみを正さないかぎり、そのゆがんだ映像が本人にとっての真実になってしまう。

本人はこうしたコア・ビリーフを持っていることに無自覚かもしれないが、意識の底ではシロアリが木の土台をかじるように、静かに心をむしばんでいく。そして、一度無意識に何かを真実だと思い込むと、こうしたコア・ビリーフを正当化するために、なんでもするようになる――たとえその過程で、自分を傷つけたり、枠にはめるようなことになってしまったとしても。

こうしたコア・ビリーフが強くなりすぎると、成功したいと願っているにもかかわらず、気づくと失敗におちいってしまいかねない。自分でもなぜ同じような行動を繰り返してしまうのかわからないままに、何かをはじめる前から失敗するのが当たり前だと思うようになり、「自分はダメな人間だ」という信念はさらに強くなっていく。

ここで悲劇なのは、この「自分はダメな人間だ」というコア・ビリーフが、事実ではないことだ。それまでに自分に対して行った妨害行為や、あえて与えてきたダメージや損害はすべて、あなた自身が自らに言いきかせてきた、心の荒むような暗いストーリーから生じたものだ。その根っこには、過去に受けた扱いや、自分自身への思い込みがある。あなたはこのまともではないストーリーを真実だと無意識に思い込むことで、現実のほうをそれに合わせているのだ。要は、気づかないうちに、あえて自滅的な行動をとっているのである。

こう聞くと、すべては自業自得だと言われているように感じるかもしれない。あなたが無意識に信じている嘘は、そもそもあなたがついたものなのだから、悪いのはあなただ、と。だが、それは違う。人格というものは、それぞれの人生の道のりや、過去の経験、あるいは他者とのかかわりによって形づくられるものだからだ。

〝本当の自分〟を知り、過去の経験が現在の振る舞いにどう作用しているかを見極める。これは、HFAがいかに自分に影響を与えているかを認識し、それを足がかりにして、パターン化された行動から抜け出すための極めて重要なプロセスだ。

自分に優しくすること、自分を許すこと、自分に関心を持つこと。これらはすべて〝自分はとるに足りない存在だ〟というコア・ビリーフを変えることにつながる。

幾重《いくえ》にも重なった層

次ページに示す図は、幼いころの経験が、環境あるいは遺伝的・神経学的要素からのインプットにもとづいて、コア・ビリーフを形成していく過程を示したものだ。こうしたコア・ビリーフをもとに、人は思い込みや人生における独自のルールを設定し、それを基準にして世界を知覚し、周りとかかわっていく。はた目にはうまくいっているように見えても、そのルールと抵触するようなきっかけとなる出来事があると、侵入思考（訳注：自分が望んでいないような、不愉快なイメージや考えの想起）が起こり、感情が大きく揺れ動いたり、場合によっては身体感覚が生じたりして、そのせいで良からぬ行動を選択することにつながる。

例えば、「自分は嫌われている」という侵入思考が起きれば、周りの人に拒絶されたと感じるだろう。さらにそのせいで、胃が締めつけられるような身体感覚が起きて、体がこわばり、完全に動きがとまってしまうかもしれない。あるいは何も言わずにその場を去ったりする場合もあるだろう。よってここで重要なのは、このような複雑な階層構造があることを自覚したうえで、その流れをつぶさに観察し、最終的に自分を縛っている思い込みから自由になることなのだ。

とはいえ、子どものころから体に染みついているものをどうやって変えればいいのだろうか？ここで、自分の真のポテンシャルを引き出す鍵となるのは、こうしたパターンが〝なぜ〟、そして〝どのようにして〟形成されたかを理解することだ。これをいきなりピンポイントで特定するのは難しいだろう。だが、そのために役立つ、確立された心理学理論が2つある。私がクライア

■コア・ビリーフの階層構造

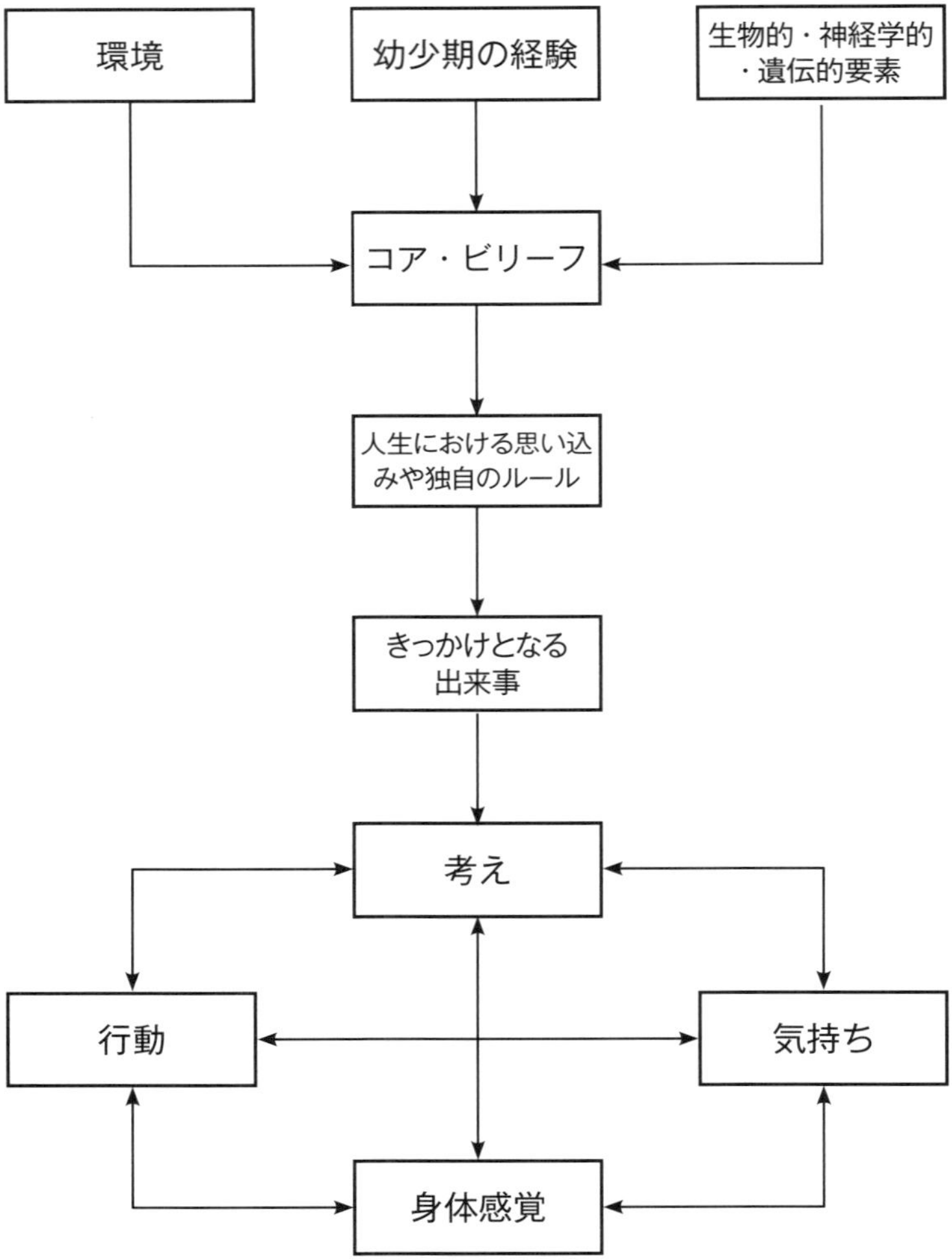

ントと仕事をするときにも実際に取り入れているこの２つの理論とは、すなわち「愛着理論」と「マズローの欲求階層説」だ。

ではここからはこの２つの理論を、主にＨＦＡとのかかわりや、自分の過去の経験にいかに応用すべきかという観点から詳しく見ていこう。ここでＨＦＡの背後にある仕組みを理解できれば、次のステップ３で、それをコントロールするためのツールを手に入れることができる。そうすれば、あなたは変われる！

愛着理論

この世界で生き残るためには、他者とのつながりが必要だ。だから、私たちがほかの人間に愛着を抱くとき、その主な動機のひとつとして、最後には仲を深めて親密な関係になりたいという思いがある。幼いころ、私たちが生き延びられるかどうかは、ほかの誰かが愛してくれて、食べものをくれて、世話をしてくれるかどうかにかかっている。そして私たちは大人になったあとも、愛や人間関係を通じた充足感を求めるのだ。

ただ、ＨＦＡとそれに伴う恐怖にとらわれると、本当の意味で〝深い〟人間関係やそこから生じる感覚を味わうことはできなくなる。友人関係でも、恋愛関係でも、仕事上の関係でも、それは同じだ。よって私たちは人間関係のなかで、自分が何を与えて何を受け取るのか、そしてそれがなぜ重要なのかを理解し、パートナーシップの作り方を知り、相手との親密さというものをより深く把握する必要がある。

特に、何が自分を安心させるのかを把握しておくのは、とてつもなく重要だ。なぜなら、それがわかっていないと、何か変化が起きたときに、自分の世界に激震が走り、不安やパニックにおちいる可能性があるからだ。逆にそれがわかっていれば、恐怖をもとにするのではなく、安全や安心をベースにして人間関係を築いていくことができる。

ではそろそろ、イギリスの精神科医であるジョン・ボウルビィがつくりあげた「愛着理論」について、その中身を説明しよう。

理論

愛着理論では、幼少期の感情的な経験が、その後の人間関係や自己とのかかわり方に影響を与えるとされている。ボウルビィいわく、人間は生き残るうえで有利になるよう、他者との愛着を形成するように、生物学的にあらかじめプログラムされた状態でこの世に生を受けるという。そして、そうした愛着の形成の仕方や、幼少期に他者とどのようにコミュニケーションをとり、他者からどのように扱われたかが、その人固有の基本の型を決める。そしてその型次第で、その後に経験する人間関係や、それに対する反応が決まるのだ。さらにはこの型によって、自己評価や他人とのかかわり方、あるいは自分の真の姿をどの程度まで把握できるかも決まってくる。

解釈

愛着がいかにして形成されたかが、自分自身や他人とのコミュニケーションのとり方を理解するうえでの鍵となる。つまり、自分について深く知りたいのであれば、幼いころの経験に立ち返らなければならない。養育者が、子どものニーズや問題を敏感に察して適切な対応をしたのであれば、その子は、自分の欲求は正当なものであり、満たされるに値するものだと思うようになり、その後の人生でも前向きなセルフイメージを持つようになる。これがいわゆる「安定型愛着」だ。だが、なんらかの理由によって子どものニーズが養育者によって満たされなかった場合、「不安定型愛着」が生じる。そして、その子の将来の人間関係にさまざまな悪影響をおよぼす。安定型愛着と不安定型愛着についてはこのセクションの後半で、さらに詳しく解説しよう。

実例

人間関係には常に何かしらの問題がつきものであり、特に成長して大人になるにつれてその傾向は強くなる。人はずっと同じではいられないし、そのせいで時には争いやすれ違いが起こることもある。私はよく、これをダンスに例える。私たちはリズムや流れに乗ってダンスを続けようとするが、時にはそのリズムから外れてしまうこともある。そういうとき、〝普段の調子〟を取り戻すためには、もう一度流れをつかまなければならない。

私たちは大人になると、さまざまな関係を経験する。だが心の奥底では、幼少期の経験に根ざした行動パターンやコンプレックスがいまだに影響力を持っている可能性がある。ここで大切なのは、人生において、いかにほかの人たちと協力して自分の気持ちを伝え、話し合うための機会をつくるかだ。周りの人は同志なのだということを忘れてはならない。人とかかわるのを恐れて心を閉ざしてしまえば、自分の感受性の強さを利用して人と絆を深めることはできなくなってしまうのだから。では、愛着理論が実際にどのように機能するかを示す例を見てみよう。

状況：アリスは恋人から、「夜、ふたりっきりでデートしない？　準備はぼくがしておくから」と言われていた。だが当日になると彼はアリスに、「君は何がしたいの？　ディナーはどこがいい？」と聞いてくる。また、仕事帰りにミルクを買ってくるよう彼に頼んでいたのだが、それも買ってきてもらえなかった。やると言ったことをやらない彼に、内心いら立ちを覚えるアリスだが、けんかをしたくないので何も言わずにデートに出かけることにした。いつも自分の話をちゃんと聞いてもらえない、尊重してもらえないと思いながら。

愛着スタイル：子どものころ、アリスは自分の感情を表に出す機会があまりなかった。両親は仕事が忙しくて、家にいなかったからだ。彼女は自分が〝お荷物〟で、周りの負担になっていると思っていた。結果、不安定型愛着が生じ、常に拒絶を恐れるようになった。

人間関係における〝ルール〟：「必要とされたければ、周りの人を喜ばせなければいけない」。それがアリスが学習した〝ルール〟だった。このルールを守ることで、彼女は自分に価値を感じることができた。

愛着の思考プロセス：もしアリスが子どものころに、不安定型愛着ではなく安定型愛着を形成していたら、もしかしたら次のように考えたかもしれない。

「彼がデートのプランを立てず、頼んでおいたミルクも忘れた。そのときは自分がどういう気持ちになったか伝えてもいい。そうすれば、それが私にとってどれだけ大事なことだったのかわかってもらえるから。別に彼を責めているわけじゃない。むしろ気持ちを伝えることで、お互いに相手を深く理解できるようになるはず」

これは、子どものころの経験が、大人になってからの行動パターンにいかに影響するかを示す、典型的な例のひとつだ。では、次のケーススタディでは視点を変えて、子どもが親に負担をかけたくないと思うところから、愛着が生じる様子を見てみよう。

ケーススタディ

母親は体調がすぐれず、父親は仕事で家にほとんど帰ってこない。ピーターは幼いころ、そんな家庭で育った。日によっては母はベッドから起き上がるのすら難しいことがあり、ピーターは、負担をかけてはいけないと思うようになった。そして、「えらい子ね」と言われるたびに、母を幸せにできたことをうれしく思った。だから、学校でいじめられてつらい日々を過ごしていても、事を荒立てて迷惑をかけたくなかったので、誰にもそのことを言わなかった。

●行動パターン

ピーターは大人になってからも、仕事でも、友だちづきあいでも、恋愛でもこのパターンを繰り返した。事を荒立てるのが大嫌いで、誰かが心を乱すのを見ると胸が苦しくなる。だが、ずっと自分を抑えて振る舞っているうちに気分が落ち込み、なぜそうなってしまうのかを理解するために、セラピーを受けはじめた。

そしてセラピーが進むにつれて、気持ちを表に出せないのは、心の奥底で「自分が負担になって誰かの心を乱してしまう」という思い込みがあるからだと気づいた。ただこれは、子どものころにつらい思いをしていたのに気づいてくれなかった両親や学校を責めているのではない。自らの世界への向き合い方によって、いかに自分が心を閉ざし、脳を〝支配〟されてきたかを自覚したのである。つまりピーターはこれまで、自分の気持ちに正直になれず、自然とわきあがってくる感情を信じるのではなく、他人の反応をうかがって行動を決めてきたのだった。しかし、自分が繊細であるということを自覚できたおかげで、ほかの人からの承認や愛を求めるかわりに、自己満足に焦点を当てるように変わっていった。

各種愛着スタイルについて

自分の愛着が安定型なのか不安定型なのかを判別することは、人間関係の障害になっている行動パターンから抜け出すうえで役に立つ。自分に対する気づきや理解をもとに、意図的にこれまでとは異なる選択をして、他者とのあいだに、意味のある、本物の深いつながりを築けるようになるだろう。

人生において、どのような経験を探求・発見していくべきかは、人によって異なる。つまり、あなたの経験はあなた独自のものだが、こと人間関係に関しては、次に挙げる主な４つの愛着ス

■４つの愛着スタイルの概要

愛着スタイル	説明	行動の特徴	原因となる経験
不安・とらわれ型	パートナーに高いレベルの親密さや、承認、応答性を求める。	相手が自分を愛しているのかを疑い、関係が壊れるのを過度に怖がることがある。	幼少期に何か悪いことをすると養育者が愛情を与えてくれなかったなど、“条件付きの愛情”を受けていた。
拒絶・回避型	周りの人から感情的に距離を置きがちで、親密な関係になるのを避ける傾向がある。	自分の世界を優先し、感情を表に出さず、人に頼ることを嫌う。	幼少期にネグレクトあるいはなんらかの形での虐待を受けていた可能性あり。
恐れ・回避型	不安と回避の両方の要素が混じったタイプ。親密な人間関係を望みながらも、同時に拒絶を恐れることもある。	うまく他人を信頼できず、自尊心の確立にも苦しみ、人間関係のなかで不規則な行動をとりがち。	幼少期の養育者が信頼のおけない人物であり、面倒をみてもらったり、しかられたり、愛情を与えられたりする際に一貫性がなかった。
自立・安定型	他人と感情的に親密になることを心地よく感じ、自分に対するイメージや人間関係についておおむね肯定的で、安定感がある。	人を信頼し、安心して世の中を渡っていくことができ、ストレスにもうまく対処できる。	幼少期の養育者が信頼のおける人物であり、一貫性のある形で育てられ、愛情も注いでもらった。

タイル――「不安・とらわれ型」「拒絶・回避型」「恐れ・回避型」「自立・安定型」――のどれかに当てはまる可能性が高い（ちなみに最初の３つは不安定型、最後のひとつは安定型に分類される）。これらの愛着スタイルは、それぞれ異なる幼少期の体験に根ざしている。

安定型の愛着スタイルの人は、肯定的な自己イメージや、優れたストレス管理能力、自立心、良好な人間関係を持っている場合が多い。また自己認識もしっかりしていて、周囲に自分のニーズを効果的に伝え、それを満たしてもらうことができる。

一方で不安定型の愛着スタイルの人は、自分を否定的に捉えていて、それが人生にさまざまな形で表れている場合が多い。例えば、「自分のニーズは満たされないものである」と〝学習〟してしまった拒絶・回避型の人は、周りの人にあまり愛情を示さず、深い関係になるのを避けるようになる。一方で、不安・とらわれ型の人の場合、無理やりに自分のニーズを満たそうとして、強いストレスを感じ、人とつき合うなかで、いわゆる〝修羅場〟を引き起こすことが多い。

あなたの愛着スタイルは？

以下に、自己評価や自己観察を通じて、あなたの愛着スタイルを推定するための質問を用意した。ただし、これは正式なものではないことをおことわりしておこう。愛着スタイルはさまざまな要因に影響される、非常に複雑なものだ。よって、これはあなたの愛着スタイルを確定的に

〝診断〟するものではなく、どのような愛着傾向があるか、おおよそのところを示すものだと思ってほしい。

それでは以下のそれぞれの質問に対して、あなたの友人関係、仕事上の関係、恋愛関係について、**最も当てはまるもの**を選んでみよう。

1．誰かと親密な人間関係を築くことは、あなたにとって心地よいことですか？

(a) とても心地よい。心を開いて相手と親しくなり、感情的につながるのは、簡単なことだと思う。

(b) 心地よいときもある。だが、相手を信頼して心を開くには、時間がかかる。

(c) 心地よくない。1人でいるのが好きだし、誰かと親しくなって心を開くのは難しい。

2．誰かと対立したり、口論になったとき、あなたは普段どのように対応しますか？

(a) 解決策を探しつつ、率直に意見を言って、問題を解決しようとする。

(b) 妥協して落としどころを探るか、調和を乱さないようにするために対立を避ける。

(c) 対立が起きたら、身を引いて距離を置くことが多い。

3. 人とのつきあいのなかで、見捨てられたり、ひとりぼっちになってしまうのではないかと心配になることが多いですか？

(a) そんなことはない。安心して、自信を持って人とつきあっている。
(b) 時々そう。誰かとギクシャクしたり、仲たがいしそうなときには特にそう思う。
(c) そのとおり。見捨てられるのが怖いし、人間関係に不安を感じることも多い。

4. 誰かに頼ったり、誰かから頼られたりすることについて、どう思いますか？

(a) 頼るのも頼られるのも、まったく問題はない。
(b) ある程度、自立しているほうが好きだが、必要なときには誰かを頼ることができる。
(c) 誰かを頼るのはいやだし、頼ってほしくもない。

5. 周りの人を信頼して、みんなが心からあなたのことを考えてくれると思えますか？

(a) そう思える。基本的に人を信頼しているし、みんな善意で行動していると思っている。
(b) 人を信じるときは慎重になったほうがいいと思っている。信頼を築くには時間がかかるタイプだ。
(c) そうは思えない。他人は基本的に信頼できないし、がっかりさせられることが多い。

採点方法：あなたが選んだ答えは(a)、(b)、(c)のうちどれが一番多かったですか？

・(a)が一番多かった人・・・**安定型**
・(b)が一番多かった人・・・**不安・とらわれ型**
・(c)が一番多かった人・・・**拒絶・回避型**

繰り返しになるが、このテストの結果はあくまで参考にすぎない。愛着スタイルは複雑なものなので、これだけですべてがわかるわけではない。より正確で網羅的な評価が必要な場合は、メンタルヘルスの専門家の診断を受けることをおすすめする。

また、このテストの現時点での結果がどうあれ、あなたの愛着スタイルがこれからもずっとそのままというわけではない。これは自分のことを理解して、これから変わっていくためのものなのだ。いまの人間関係における自分の振る舞いが、過去にどのような扱いを受けてきたかにもとづいていることを自覚する。それがあなたがこれから変わるための、最初の一歩なのだから。

●振り返りのためのチェック

□自分の愛着スタイルがわかったいま、子どものころの経験を振り返ってみて、それを決定づけた要因のようなものに思い当たりますか？

□あなたの愛着スタイルは友人関係、仕事上の関係、恋愛関係など、いまの人間関係にどのように影響していると思いますか？

□現在の行動パターンから抜け出すために、何をすればいいと思いますか？

□あなたにとって、健全な人間関係とはどのようなものですか？

マズローの欲求階層説

ＨＦＡについて議論する際には、「欲求」という言葉がよく出てくる。なぜなら、私たちが学んでしまった自己破壊的な行動パターンというのは、過去の経験の結果として生まれた、なんらかの欲求を満たすためのものだからだ。さきほどのテストで愛着スタイルはわかったはずなので、ここからは欲求について詳しく解説しよう。

アメリカの心理学者であるアブラハム・マズローは、欲求に関する非常に有名な理論を構築した。マズローは、人間はみな、いわゆる「自己実現」――つまり〝最高の自分〟になるために、努力していると考えた。そして、自己実現に至るには、まずはさまざまな〝階層〟の欲求を満たしていかなければならないとも述べた。

ＨＦＡの人は、過去の経験にもとづいて生まれた暗黙の欲求を満たそうと常に必死になっており、それが現在の行動や、自己主張の仕方、あるいは生きていくうえでの無意識のルールとして表れている。ただそれが、自分の欲求を満たせるかどうかが他人の行動いかんによって決まるようなパターンである場合、長期的に維持するのは困難であり、最後には疲れきってしまう。要するに、外部の反応によって自分の欲求を満たそうとしても、けっして自己実現にはたどり着けないということだ。自己実現を達成するには、自分の内側に目を向けなければならない。

理論

ジョン・ボウルビィの愛着理論をベースにして、マズローは欲求階層説を思いついた。この理論における「欲求の階層」は通常、５段階のピラミッドとして描かれ（次ページの図を参照）、下から重要な順に並んでいる。一番下の階層は私たちの生物としての生理的欲求（空気、水、食べもの、家、睡眠など）、２番目の階層は身の安全と安心、３番目の階層は愛や帰属意識、４番目の階層は承認欲求（自尊心＋他者からの承認）、そして最後の階層は自己実現、つまり個人的な成長と探求を通じて〝最高の自分〟になるための、個人によってそれぞれ異なる欲求に関するものだ。

解釈

図を見ればわかるように、５つの階層は積み重なるような形で存在している。だが、必ずしも下位の階層を満たさなくても上位の階層を満たすことは可能だし、すべての階層を満たしたからといって確実に自己実現できるとは限らない。マズローは最初の４つの階層を満たせば、自動的に５つ目に到達するとは考えていなかった。なかには、ピラミッドの各階層の欲求を簡単に満たせる人もいるだろう。だが一方で、身の安全を確保したり、十分な量の食事をとったり、セックスの相手を見つけたりするのが困難な人もいるはずだ。だが、その場合でも、必ずしも自己実現が不可能だとは言えないのである。

■マズローの欲求階層説

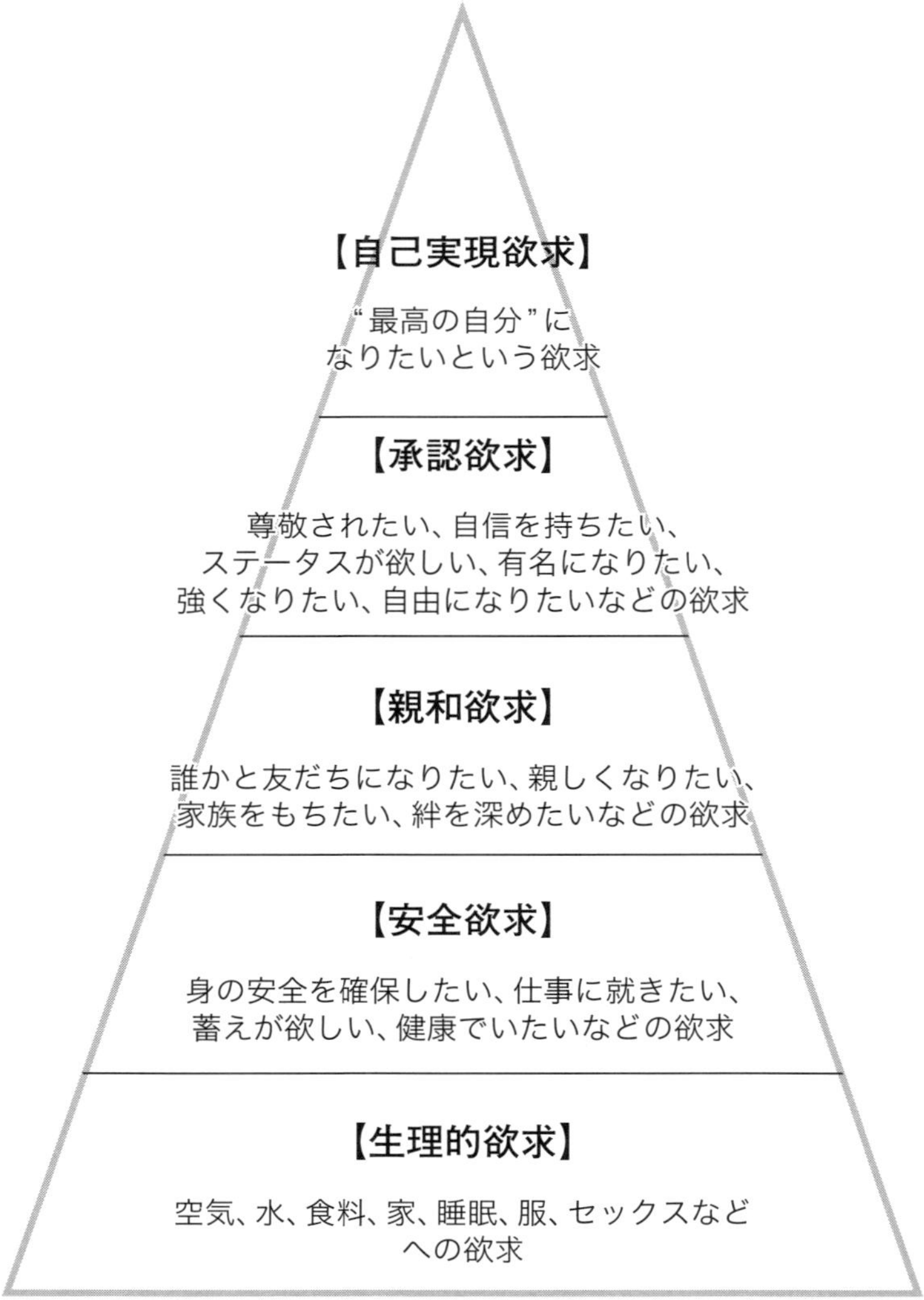
【自己実現欲求】
“最高の自分”に
なりたいという欲求
【承認欲求】
尊敬されたい、自信を持ちたい、
ステータスが欲しい、有名になりたい、
強くなりたい、自由になりたいなどの欲求
【親和欲求】
誰かと友だちになりたい、親しくなりたい、
家族をもちたい、絆を深めたいなどの欲求
【安全欲求】
身の安全を確保したい、仕事に就きたい、
蓄えが欲しい、健康でいたいなどの欲求
【生理的欲求】
空気、水、食料、家、睡眠、服、セックスなど
への欲求

個人の成長は継続的なプロセスであり、人間は常に進歩、成長、変化しているというのがマズローの理論だ。私たちは他者とのコミュニケーションを通じて、自分を高め、成長のペースを保つことができる。そして各々が持つ才能や能力、可能性を通じて、常に自分を改善していく。視野を広げ、新しい技術を学んだり、不慣れな分野で自分を試したりといった挑戦をすることで、成長を続けることができるのだ。

欲求とＨＦＡによる完璧主義

自尊心が低ければ、欲求のピラミッドを登っていくのは難しい。ＨＦＡによる〝自分はとるに足りない存在だ〟という感覚に足をひっぱられてしまうからだ。では、マズローの欲求階層説とＨＦＡによる完璧主義はどのように関連してくるのだろうか？　その関係を詳しく見てみよう。

【生理的欲求】

ＨＦＡによって完璧主義におちいると、自分に高い要求を課すようになり、成果や成功に異常なほどこだわるようになる。そして、常に優秀でいようとして、実現不可能なほど高い水準を満たそうと無理な努力を続けた結果、食事が不規則になったり、場合によっては睡眠障害や慢性的なストレスに苦しめられるハメになる。そうした状態が長く続けば、健康や幸福な生活がむしばまれていく。

【安全欲求】

概して完璧主義者は、主に外部からの評価で自分の身が安全であるかを判断しがちだ。HFAを持っていると、さらに評価を確実なものにしようとして、警戒心が強くなり、失敗を恐れるようになる。そして期待に応えられないことやミスをすることへの恐れは、慢性的な不安につながり、心が乱れ、不確実なことに手を出さなくなる。

【親和欲求】

完璧な存在であろうとして、常に他人からの賛同や承認を求めていると、深い人間関係や絆を築きづらくなる。なぜなら自分が求める水準をクリアできなかったり、周りの期待に応えられなかったときに、実力を値踏みされたり、かかわりを拒絶されるのではないかと恐れるようになるからだ。ありのままの自分を受け入れてもらえないのではないかという不安が、本物の愛や絆を遠ざけてしまうのである。

【承認欲求】

完璧主義者は、周りからは認められ、称賛されている場合が多い。だが、彼らが自尊心を満たすには、自らが設定した、とてつもなく高い水準をクリアしなければならない。また、ＨＦＡを持っていると、自己不信におちいったり、自己効力感を失ったりしやすいため、常に〝自分はとるに足りない不十分な存在だ〟という思いにさいなまれ、インポスター症候群（訳注：すでに成功しているにもかかわらず、それを過大評価だと感じ、自分は周りの人たちをだます詐欺師のようだと思ってしまう心理状態）におちいってしまうこともある。

【自己実現欲求】

ＨＦＡも完璧主義も、自己実現の過程――自分のポテンシャルを最大限に発揮し、個人としての成長や充実感を追求するプロセス――を妨げる可能性がある。要は、常に完璧を求めて自己批判をし、失敗を恐れていれば、リスクはとらなくなるし、自分が本当に興味や関心を持っていることも追求できず、自己発見や成長の機会を失ってしまうということだ。

本物の自分になるために

ここまで話してきたことをまとめると、ＨＦＡと完璧主義は、マズローの欲求階層のバランスを崩し、低次元の欲求を完全に満たして自己実現へと至るプロセスを妨げる可能性がある、ということになる。だが、健全な自尊心を育み、完全主義を改められれば、不安の重荷から解放され、現実には達成不可能な高い水準を追求するかわりに、自分の欲求とうまく折り合いをつけ、本当の絆のなかで充実感を得ることが可能になる。

よってこの問題に対処するには、不安や完璧主義による悪影響を自覚して、自分への思いやりを育み、期待値を現実的なものにして、必要なときには周囲のサポートを求められるように積極的に行動を起こす必要がある。こうした根本的な原因に目を向けてはじめて、人として成長して、幸福度を高め、最終的には自己実現に向かって、バランスのとれた充実した人生を送れるようになる。

私たちは他者との交流を通じて、自分が〝何者であるか〟のみならず、〝何者になれるのか〟も知ることができる。ありとあらゆる交流に、新しい学びのチャンスがあるのだ。

なぜかといえば、他者との交流によって、自分の内面に何かが起こるかもしれないからだ。気分が良くなるかもしれないし、場合によってはある種の課題が浮かび上がるかもしれない。いずれにしても、そこから得られる学びによって、知識が増え、自分が将来どうなりたいかがわかってくる。

自尊心が低い人は、他人から好かれることで自己肯定感を得ようとするため、「〝永遠の愛〟が見つからない、自分の居場所がどこにもない」と思って、苦しむ傾向がある。これは幼少期の人間関係が良いものではなかった場合にありがちな状態だ。

例えば、まだ子どもだったあなたが泣くたびに、親から「赤ちゃんじゃないんだから、泣くのはやめなさい」と言われたとしたら、泣くのはいけないことだと思うようになるだろう。親はなだめているつもりだったのかもしれないが、実際にはネガティブな思い込みを植えつけることになり、あなたは本当は泣きたいときにも、とにかく親に褒められたいからという理由で笑うようになってしまう。そして、周りから褒められたいと思いながら大人になる。なぜなら自分の存在価値を証明する方法をそれしか知らないからだ。何をするときにも自分では決められず、進むべき道は他人がどう思うかを基準に決める。いつのまにかそんな風になってしまう。

だが、一歩下がって染みついた行動パターンを見つめ、それがどこから来たのかを理解できれば、変化が起きる。あなたはいつも「他人はこう思うから」ということを基準に行動しているが、それは単に「他人はこう思うと、あなたが思い込んでいる」にすぎないことがわかるからだ。

ちなみに私は、仕事を進めるときには「自己価値のピラミッド」と呼ばれる3段階のモデルを用いている。このモデルの最初の段階は「自己認識」であり、ここは〝本当の自分〟と〝自分が本当に望んでいること〟に気づく場所だ。そして2つ目の段階は「自己受容」であり、〝本当の自分〟とそこから出てくるすべての事柄を受け入れる場所。そして最後の段階が「自己肯定」で、ここでは単に受け入れることを超えて、〝本当の自分〟とそのすべてを愛する、つまり自分はあるがままの状態で十分に価値があるのだと悟る段階だ。

自らの価値を自覚したとき、私たちは〝自分だけの花〟を咲かせることになる。私はこれを「自己拡張」と呼んでいる。要は、自分の役に立たないものを手放し、充実させてくれるものを取り入れていく段階だ。己の行動のあらゆる側面を吟味し、それがどこからやってきたのかを検討することで、「自分はこういう人間だ」という古い思い込みを捨て、「自分はこういう人間になれる」という可能性を受け入れていくことができる。

現実的に言えば、持てる可能性を最大限に発揮できる人というのは、きっと多くはない。しかしマズローは、人間誰しも人生のなかで、達成不可能だと思っていたこと――例えば、学位をとったり、マラソンを完走したり、芸術作品を完成させたり、その他人生の重要な出来事――を必死の努力によって達成する、自己実現の瞬間があると信じていた。そして彼はそれを、「ピーク体験」と呼んだ。

●振り返りのためのチェック

□あなたは自分がいま、マズローのピラミッドのどの階層にいると思いますか？　好奇心を持って、じっくりと考えてみましょう。そしてその理由も答えてください。

□ピラミッドの上へと登っていくには、何が必要だと思いますか？

□「ピーク体験」をしたことがありますか？　もしあるなら、あなたはそれを誇りに思いますか？　もし思いつかなければ、なぜないと思うのか考えてみましょう。

人に媚びた行動

幼少期の感情的なネグレクトは、人に媚びたり、責任をしょい込みすぎたり、誰かに支配されることを望んだりといった、ＨＦＡの諸症状（ステップ1参照）を引き起こす可能性がある。望むような形で感情的な欲求が満たされないと、私たちはそれを違った形で埋め合わせる方法を見つけ、最終的にはそれがＨＦＡにつながるのだ。ただ、良いニュースもある。それは、いったんこのようなからくりを理解すれば、行動パターンを意識的に変えるための選択ができるということだ。以下に、その具体例を示そう。

ケーススタディ

マイケルは子どものころ、暖かい服や安全な環境を与えられ、物質的な面では何不自由ない家庭に育ったものの、一方で感情的な面では望むような安心が得られなかった。両親はマイケルが8歳のときに離婚し、彼はいまでも、2人が言い争ったり、母親が父親のことをろくでなしだと言っていたのを覚えている。

大人になったマイケルは、職場を含めたあらゆる人間関係のなかで、〝責任ある立場〟を進んで担い、周りからは良いリーダーだと思われている。彼は、みんなの気持ちを巧みに誘導す…ることで、「愛されたい、自分の居場所が欲しい」という欲求を満たしている。

●行動パターン

子どものころに母親が取り乱していたとき、マイケルは重荷になりたくなかった。だから、母をそれ以上不幸にしないために、その時々で必要としているであろうことをしてあげた。母が喜ぶか悲しむかは自分次第だと思ったので、傷つけないように、父ではなく母と一緒にいることを選んだ。こうした行動パターンは大人になっても続き、マイケルは常に、かかわる人すべてに責任を持つことで自分の価値を証明しようとしたのだ。

●解釈

マイケルがこうしたパターンから抜け出すには、まず自分がパターンにはまっているという自覚が必要だった。自己認識は自尊心を生み、ひいては〝本当の自分〟をより深く理解して受け入れ、その良さを評価することができるようになる。そうすることで彼は、他人を喜ばせなくても自分には価値があると思えることがわかってきた。さらに、自分ひとりで周りの人全員の問題を解決することは不可能であるという事実を受け入れる必要があることも学んだ。そのおかげで、徐々に自信がつき、物事に適切な境界線を引きつつ、周りの人に敬意を払い、人生において主体的かつ有意義な決断を自らの意思で下せるようになった。

ここでひとつことわっておくが、先の例に限らず、本書で紹介するすべてのケーススタディは、単なる一例にすぎない。経験というものは、その個人に固有のものであり、その人の生い立ちをはじめとする多くの要因がその根底にある。そのため、あなたがこうした事例にある程度共感できるとしても、そこで示される理屈が自分自身にどの程度当てはまるかを知るには、自らの過去の経験を掘り下げる必要が出てくる。また、同じようなきっかけや体験に対しても、人によって反応が違うので、その点も注意が必要だ。

では、そのうえで話を先に進めよう。

「とにかく人を喜ばせよう」というのは、相手を思いやっているわけでも幸せにしたいと思っているわけでもなく、単に自分が安心するために周りの人の反応を操作したいだけだ。その根っこには、拒絶されたり嫌われたりすることへの恐怖や、あるいは自分に失望したくないという気持ちがある。他人を喜ばせるために人生の多くを費やし、「ノー」と言う選択肢があることなど考えもせず、相手のニーズを満たすために常に「イエス」と言う。そのように他人を喜ばせることばかりを考えている人たちは「ピープル・プリーザー（people pleaser）」と呼ばれるが、彼らの行動には次の表に示したような二面性がある。

■ピープル・プリーザーの行動の二面性

学習によってつくられた側面（世間に見せているもの）	影の側面（心の中に隠している部分）
やる気に満ちている	自己批判的
頼りになる	承認を求めている
生産的	ネガティブな自己イメージ
落ち着いている	浮世離れしている
信頼できる	自己評価が低い
礼儀正しい	度量が小さい
丁寧	人を寄せ付けない
他人に理解がある	境界線を引けない
気配りがある	心配性
実直	燃え尽きている
いまの地位に満足している	ぼうぜんとしている

〝進化したピープル・プリーザー〟になる

このタイトルの意味するところは、「常に周りからの承認を求めて自分よりも他人のニーズを優先する」というパターンから脱却するため、意図的な努力をする、ということだ。

〝進化したピープル・プリーザー〟とは、己を知り、適切な境界線を引き、本当の意味での自己主張の仕方が身についているために、自らのニーズを満たしながら他人を受け入れることができる、まともなバランス感覚の持ち主を指す。

「ノー」と言う練習

あなたは普段、本当は「ノー」と言いたいのに「イエス」と言ってしまうことが多いのではないか？　ならば、コーヒーと紙とペンを持って静かな場所に行き、以下に紹介するピープル・プリーザーのためのエクササイズをやってみよう。いつ「ノー」と言うべきなのかを見極めるのに役に立つはずだ。

・円を描いて、そのうえに「時間」というタイトルをつける。そしてそれを、現在の1カ月あたりの時間の使い方を示す円グラフとして、「睡眠／仕事／旅行／社交／自分の時間／家族／友人」というカテゴリーに区切っていく。正直に答えること。

・2つ目の円を描き、同じくタイトルは「時間」とする。カテゴリーも同じだが、今度は理想的な時間の使い方を表すように区切っていく。

・3つ目の円を描き、タイトルは「人間関係」とする。今度はあなたが現在、一緒に時間を過ごしている人別に、円を区切っていく。使うカテゴリーは「自分／両親／子ども／好きな親戚／苦手な親戚／好きな同僚／苦手な同僚／好きな友だち／苦手な友だち／好きなクライアント／苦手なクライアント」などとする。

・４つ目の円を描き、同じくタイトルは「人間関係」とする。今度は自分が本当に一緒に過ごしたいと思っている人たちだけをカテゴリーにして、理想とする配分で円を区切る。

・次に、ここまでに描いた４つの円グラフを参考にしながら、①本当は「ノー」と言いたいし、言うべきなのに、「イエス」と答えてしまっていること。あるいは②本当はつきあいたくないのに、一緒に時間を過ごしている人、をリストアップする。ここでは忖度《そんたく》は一切しないように。

・信頼できる親しい友だちか配偶者に協力してもらって、一緒にリストに目を通しながら、「何かほかにやりようはないだろうか？」と考えてみる。そして改善の余地がありそうなら（十中八九ある）、やりたくないことをやめ、会いたくない人には会わないようにする。とても単純な話だ。

・相手に言うべきことを事前に考えておいて、丁寧にそれを伝える。必要であれば、手紙やメールを書く。できれば理由も説明しよう。もし問題になっている物事や人について、それを避けるという選択肢が現実的にとれないのであれば（家族としての義務だからやめられない、職場の同僚だから顔を合わせないわけにはいかない、重要なイベントなので避けられないなど）、それがあなたの人生に与える影響を和らげる方法についてブレインストーミングをしたうえで、実行しよう。

あなたがそうして新しいスタンスをとると、ショックを受けたり、怒ったりする人も出てくるかもしれない。だからあらかじめ、どう対処するか決めておこう。ただし、必ず毅然とした態度で臨むこと。これは議論ではないし、誰の許可を得る必要もない。あなたの人生を幸せにするためなのだから。

「人生は短いです。不幸せな時間を過ごしている暇などありません」と、私はいつも言う。だから、したくないことや会いたくない人との約束で、予定をいっぱいにするのはもうやめよう。

本当の自分に目覚める

自分の愛着スタイルを知ったり、現在、欲求階層のピラミッドのどこにいるのかを把握したりしたとしても、すぐにいまの状況が改善されるわけではない。ただ、気づきを得るきっかけにはなるし、それがひいては自分の足をひっぱっている有害な行動パターンから抜け出すことにもつながる。前にも述べたとおり、そうしたパターンを自覚してはじめて、私たちはそれを乗り越え、無意識のうちに自分の人格を形づくってきた幼少期の体験を振り払って前に進むことができるのだ。

たしかに、私たちは過去の経験に縛られてきたのかもしれない。だが、いまこそ思い込みを捨て、己との絆を深めて、自分のあるべき姿をもう一度学び直すときがきた。

もちろん、理性はそれを拒むかもしれない。自分の人生に変えるべきことがあると認めるのは必ずしも簡単ではないし、染みついた行動パターンという「コンフォートゾーン」にとどまりたいという気持ちが極めて強い場合もある。だが一方で、なんらかの危機や挫折、あるいは単にこれまでの生き方がいやになったなどの理由で、人生を変えざるをえない状況が急にやってくる場合もある。

いまは自分に向き合うということが、それほど意味のある前向きなことだとは思えないかもしれない。だが、〝気づき〟があれば洞察が生まれ、啓発や自己拡張へとつながっていく。そして、自己の成長や発展を妨げるような障害を取り除くことで、あなたはこれまで思いもよらなかったような形で変化をとげ、新しい自分へと生まれ変われる。

ちなみに私はクライアントに、自らの行動の理由を理解するためのツールを提供しているが、それは本書で紹介しているものとまったく同じだ。そうしたツールは、自分が特定の行動パターンにはまっていて、そこから抜け出す必要があることを自覚するのに役立つ。クライアントの多くが、「もっと早く、この〝気づき〟のプロセスを経験したかった。いままでの人生で決まった行動パターンを続けてきたせいで、いかにフラストレーションがたまり、失望してきたことか」と訴える。

つまり彼らは、これまでは視野の狭い思い込みのせいで、人のために生きるというやり方から抜け出せなかったが、そこから解き放たれたいまになってようやく、ほかのやり方があることも知らずに何年もずっと砂の中に頭を突っ込んでいたような状態だったのに気づいた、というのだ。だがこれは彼らのせいではない。ウミガメは、おせっかいな人間のせいで自分の脳に必要な回路が備わらなかったことには気づきようがない。それと同じなのだ。

私も自分の人生を振り返ってみると、歩んできたつらい道のりを思い出して悲しくなる。ディスレクシアと診断されてはじめて、自分がなぜこれまで勉強のとき、読むという行為にこれほど苦労してきたのかがようやくわかったのだから。

それよりもさらに前の出来事だが、あるとき私は教室で先生から指名され、教科書を何ページか音読するように言われた。内心、不安でパニックに襲われながらも、なんとかそれをやりとげた。当時の私にとって、発音が難しい単語もあったし（というか、いまだにだが）、他の生徒のからかうような笑い声も聞こえた。心の中は恥ずかしさでいっぱいのまま、それでも最後まで無理やり読み通したのだ。

でもいまならその理由がわかる。先生はその場で何が起きているのかまったく気づいていなかった。それが私のいつものやり方になっていた。内心がどうあろうとそれを一切表に出さなかったからだ。それが私のいつものやり方になっていた。これこそ、ＨＦＡの行動の二面性の典型例だ。この気持ちをわかってもらえるだろうか？

振り返り

あなたの子ども時代を表す言葉を５つ書き出してみましょう。例えば、「チャレンジャー、協力的、冒険好き、気を使うタイプ、あわて者」のように。

そして、次の質問について考えてみてください。

□こうした要素のうち、大人になってからも変わっていないのはどれですか？

□変えたいと思う要素はどれですか？　例えば、以下のように答えてください。

「〝協力的〟と〝気を使うタイプ〟という要素は、私が人間関係のなかで誰かをサポートしたり、してもらったりするときのやり方に大きな影響を与えていると思う。また、子どものころ〝冒険好き〟だったので、私はいまでも新しい体験やチャレンジに尻込みすることはない。だが、〝あわて者〟なので、ほかの人の考えがすぐにわからなくなり、心を閉ざしがちなところも変わっていない」

□こうした要素から、自分の行動パターンについて何か気づくことはありますか？

自己認識への道

自己認識とは、自分の感情の裏にある理由を自覚し、さらに、そこから何を考えて、どのような理屈で行動したのかを把握することだ。これは、自分自身という存在をどう捉えているかということでもあり、自分をどう成長させていくかともつながっている。また、この世界における自分自身のスタンスをはっきりさせることは、確固たる人間関係を築くための土台でもある。

基本的に、人間の潜在意識の中で何が起きているかは、まだわかっていないことが多い。だが、潜在意識が私たちの行動に大きな影響を与えているのは疑いようのない事実だ。

立ち止まって、己と向き合う。普段、自分自身をどう表現しているかを自覚するには、それしか方法はない。

さもないと、子どものころに潜在意識に刷り込まれたパターンはそのままとなり、大人になって状況は変わっているというのに、同じ行動を無意識で繰り返すハメになる。

例えば、赤ちゃんのときに鎖につながれて飼われていたために、逃げることは不可能だと〝学習〟してしまったゾウは、その典型例だ。ゾウが成長したあと、鎖がただのロープに変えられたとする。だが、ロープなど簡単にひきちぎれるほど強くなったはずのゾウは、それでも逃げない。まだ自分が鎖につながれていると思い込んでいるからだ。幼いころに刷り込まれた〝逃げられない〟という思い込みは、かつてゾウを縛っていた鎖と同じくらい強固なものになってしまうのだ。

この、少し悲しいエピソードは、幼いころの体験が心の中に残っているというだけで、いかに簡単に自縄自縛《じじょうじばく》におちいってしまうかを物語っている。心というのは無意識のうちに自分の安全を確保するようにできているため、ある種の防御行動を体に染みこませることで、子どものころに経験した「自分の無力さ」を、ふたたび感じなくてもすむようにしている。だが、そうした振る舞いが徐々に鎖のように連なっていき、人生の可能性を十分に生かせなくなってしまう。そこから抜け出すためには、まずは自己認識を深めるしかない。

例えばあなたが子どものころ、母親と何度手をつなごうとしても、そのたびに振り払われたとする。するとその経験をもとに、自分自身や周りの人たち、あるいは世界についての捉え方や信念が形成されていく。あなたは、自分は愛される価値のない人間だと思い込み、何か必要なものを求めたとしても、結局は拒絶されるだけだと考えるかもしれない。あるいは、「他人は信用できないし、頼れない。頼れるのは自分だけだ。だから何でも自分ひとりでやるしかない」と思うようになる可能性もある。

だが、そうした思い込みの根っこにある感情を、いつまでも心の奥底に閉じ込めておくことはできない。それらは人生のどこかで、誰かがあなたの期待に応えてくれなかったときに、不満や憤り、怒りという形で噴出することになる。要は、あなたは過去の記憶に縛られていて、本当はそこには〝鎖〟などもうないのだと自覚しないかぎり、自由になることはできないのだ。

●振り返りのためのチェック

□あなたが、自分に対して最も厳しくなるのはどんなときですか？　仕事ですか？　人間関係についてですか？　それは人前にいるときでしょうか？　それとも家に1人でいるときですか？

□誰かに受け入れてもらうために、自分を偽ってしまうことはありますか？

□周りに、自分よりも繊細で、常にピリピリとした雰囲気を発している人はいますか？　そういう人たちに共通の特徴はありますか？

□自己肯定感が高まるのはどんなときですか？

□他人からどんな評価を下されるのが一番怖いですか？

□何かしらの思い込みに自分が縛られていると感じますか？

□幼いころに拒絶された経験がありますか？　具体的に思い出してみてください。

現状を確認しよう

さて、そろそろステップ２も終わりだが、いまの気分はどうだろうか？　ここで一息入れて、自分自身について学んだことを、しっかりと噛みしめてみてほしい。と同時に、自分自身を褒めてあげよう。本書を手にして、内容に興味を示し、好奇心を持って取り組んでここまでたどり着いた。その事実だけで、勇気と強さの証だと言っていい。

あなたはすでに、自分を縛る思い込みや振る舞いから解放され、行き詰まりを打破して自由になるための〝鍵〟を手にしている。成果を挙げ、これからさらに理解を深めようとしている自分を誇りに思おう。

己の核心へと至る旅路は、時に困難で、感情を揺さぶられることもある。人生のなかで学習によって身につけた側面と、影の側面を調和させるのは簡単ではない。だが投げ出さずに続けられれば、最後には必ず報われる。そして、あなたにその強さがあることを私は疑っていない。

ステップ２まとめ

ここまで本書を読んできたあなたは、ＨＦＡがどこから・どのようにしてやってくるのかが、きっとわかったはずだ。そして、ＨＦＡに伴う行動パターンの原因を理解したことで、そこから抜け出すための第一歩を踏み出しているはずだ。だからこの機会に、自分が子どものころから心に抱いてきた内なるイメージや、体に染みついた行動パターンを深掘りし、それがどのようにしてHFAや無力感につながっているかに目を向けてみてほしい。そうすれば、自分の潜在意識に新たな光を当てることができる。物事にじっくりと向き合う時間と場所を確保できれば、最後にはすごいことが起きる。それを忘れないでほしい。

ついに、変わるべきときがきた。あなたはいままで、他人が期待していることばかりに人生の時間を費やしてきたのだろう。だが、ここで立ち止まり、振り返って、やってきたことにじっくりと目を向けよう。これまでに達成できたこと、できなかったことを振り返り、評価、集計すれば、いまのあなたにとって重要な価値観や目標、目的を定め直せる。自分にとって何が重要なのかを考え直そう。心の底から望んでいる、かなえたいことは何なのか？　自分の存在意義とは？　人生に残された時間を使って、あなたは何をしたいのか？

不要になった古いものを片付けて、新しい道へと踏み出そう。これからは、ありのままの自分でいい。〝やらなければならない気がすること〟ではなく、〝本当にやりたいこと〟をするときだ。古い習慣の消去は完了し、そこに新たなデータを書き入れるときがきた。

ここからの３つのステップでは、新たな自分になるためのツールを紹介する。準備はいいだろうか？

パート2

ラーニング

STEP 3

自分との絆を確立し、恐怖を乗り越える

私（セラピスト）「あなたは、仕事でやることになっているこのプレゼンテーションがいやだと、前に言いましたよね？」

C（クライアント）「はい。気分が落ち着かないんです」

私「それは具体的にはどういうことですか？」

C「みんな、私がこのテーマについて話すのは当然で、これについてはなんでも知っていると思っているんです。でも本当はそうじゃないんです」

私「ではそこで、もしあなたが、誰かの期待を裏切るようなことを言ったとしたら、どうなりますか？」

C「みんなから批判されて、バカだと思われるでしょう」
私「要するに、自分が何か〝間違ったこと〟を言ってしまったときに、周りからどう思われるかが心配だ、ということですか？」
C「そうです。そうしたらみんなは許してくれないでしょう」
私「なるほど。では、みんなから拒絶されるのが怖いということですね？」
C「……そんな風に考えたことはいままでありませんでしたが、たしかにそうですね。無能だと思われたくないということだと思います」

自分の本当の姿を知り、受け入れて、自己認識に至るには時間がかかる。ただ、ここまでに取り組みを続けてきたあなたは、もうすでにその道を歩き出している。それでも、ここで少し立ち止まってみよう。こう言うと、こんな声が聞こえてきそうだ。

「思い込みを自覚し、それがどこからやってきたのかがやっと見えるようになった。心を深く掘り下げて、永遠に日の目を見ないと思っていた自分の隠された部分にも触れることができた。地層のように積み重なった過去の記憶を掘り下げ、恐怖の源もたくさん探り当てた。なのに、『少し立ち止まってみよう』だって？」

ＯＫ。立ち止まる、という言い方は語弊があるのかもしれない。旅の途中ではあるが、とにかく、ここでいったんこれまでに発見してきたことの〝棚卸し〟をして、中身をはっきりさせようというだけだ。何度も述べたが、ＨＦＡの根っこには恐れがある。ステップ１とステップ２で、あなたはその恐れがどこからきているのかをつきとめ、それを白日のもとにさらした。だが、次に進む前に、まずはその恐れについてよく理解しなければならない。それができてはじめて、真の自由に向けて前進することができるからだ。

恐怖が自分に何を伝えようとしているのか。それが明確になれば、私たちはいままでの生き方を見直して、新しい生き方を学ぶことができる。

だが、私のクライアントはよく「でも、いままでの生き方をやめたら、自分が何者かわからなくなってしまいます」と言う。ここが恐怖を乗り越えるうえでの大きな分岐点だ。もし、恐怖に駆り立てられることがまるでなかったとしたら、あなたはどんな人間なのだろうか？

行動パターンを理解する

ステップ２では、過去に目を向けて、幼少期の経験からいかにしてＨＦＡが形成されるのかを確認した。さらに、コア・ビリーフや4つの愛着スタイル、欲求という考え方の概略を理解したうえで、子どものときの経験がいかに大人になってからの生き方に影響をおよぼすかも調べた。これがいわゆる〝アンラーニング〟だ。

私は、この一連の作業を、考古学者が地層を掘り進んで、過去の時代を調査することに例えた。ただ、いったん一番下まで掘り下げたら、それぞれの地層の土をふるいにかけて、そこからわかることを丹念に見ていく必要がある。自己発見の旅でもそれは同じだ。すでに自分の行動パターンがどこからやってきたのか把握したとはいえ、本当に大事なのはその中身を分析することであり、それこそが新しい生き方を学ぶための第一歩なのだから。

私たちは幼いころ、自分の世話をして、ニーズを満たしてくれる養育者に依存して人生を送っている。もし彼らが身体的、精神的な欲求や安心を与えてくれない場合、無意識のうちにそれを埋め合わせる別の方法を見つける。そして、自分を十分に支えてくれなかった彼らに対して怒りを覚えたり、失望したり、逆に、負担をかけすぎたとか多くを求めすぎたなどと考えて、罪悪感を抱くこともある。

幼少期のこうした思い込みや刷り込まれた行動パターン、期待などは大人になってからも残ったままで、それを自覚して把握するまで追体験を繰り返すことになる。要するに、幼少期の出来事に対して、当時とは違った意味づけをできるようになるまで、その呪縛は解けないというわけだ。

ただあなたはすでに、自分の影の部分と、人生に表れている行動パターンを認めるという、最も難しい作業を終えている。だからここからは、それをより深く掘り下げて、人生を歩んでいくために必要なツールを準備していこう。自分の行動パターンや人生におけるルールを客観的に観察できれば、それがどのように形成されてきたかがはっきり見えてくる。そうすれば、同じことの繰り返しから抜け出すことができるのだ。

行動パターンと人生のルールに光を当て、その根っこを探ることは自由と心の平安を手に入れるための第一歩。

体には独自の記憶装置があり、感覚はそこに保存されている。もし、望むものを与えてくれなかった養育者への怒りを押し殺して自分の可能性を閉ざすような振る舞いをしてしまえば、そこに本来眠っているはずの力も使えなくなる。逆に言えば、過去に目を向けて幼少期の怒りや痛みを思い出せば、そこに閉じ込められている抑圧されたエネルギーを解放して、心と体を活性化することができる。

自分の行動パターンがわかれば、内なる力が目覚めて、人生が変わりはじめる。そこを深掘りすれば、その力は強くなって、自立心が生まれ、人生の新たな方向性や目的を見つけることにもつながるだろう。

これは素晴らしいことだし、けっして夢物語ではない。ただ、そこに至るまでがひと仕事であるうえに、その途中で、まるで地震にでもあったかのように自分という存在が根底から揺さぶられる可能性がある。なぜなら、これまでの人生を支えてきた古い構造は、たとえそれが満足のいくようなものではなかったとしても、あなたの体になじんでいるうえに、すでに確立されたものなので、それを切り離すのは容易ではないからだ。たとえあなたが、古い考え方から解放されて新しく生まれ変わりたいと思っていたとしても、心のどこかでは、すでに知っている、前からあったものにしがみつきたいという気持ちが根強く残っている。

そうした古い構造や行動パターンを通じて、私たちはそれまでできるかぎりの安全を確保し、安心を得てきた。だから、それを変えようとすることは――たとえそれが必要な変化であったとしても――自分という存在を揺るがす脅威と感じる。そのため、何かしらの出来事が起きて、なかば強制的に自分に向き合わざるをえなくなっても、あなたは古い生き方にしがみつき、〝揺れ〟がおさまるまでやりすごそうとする。これまで自分の人生を支えてきた構造はすでに崩壊しているというのにだ。

たしかにこうした大変動は、そのときは受け入れがたいものに思えるかもしれない。だが、それは古い生き方を捨てるために不可欠であり、理由があって起きているのだ。こうした変化を通じて、私たちは無意識のうちに〝根源的自己《コアセルフ》〟に秘められた力を引き出そうとしているのである。

コアセルフに再接続する

人は誰でも心の奥深くに自分の核のようなものを持っていて、なかばその核に導かれるようにして成長や発達をとげる、と考えている人は多い。ナシの種は、自分がリンゴの木ではなくナシの木に育つことを知っている。それと同じく私たちの中には、自分が将来どんな人間に、どのような道をたどって育つかを知っている種のような部分が存在する、という考え方だ。

「自分を信じる」という表現がよく使われるが、要はそれは心の奥深くにあるその核の導きに従うということなのだろう。ただ、ＨＦＡを持っている人にとって、〝自分を信じる〟のは容易ではない。彼らはコアセルフとのつながりを失ってしまっているからだ。

そこで、自分を信じる方法を学び、心を静めて安らぎを求める方向に向かうことで、コアセルフとのつながりを取り戻して本当の自分を再発見しよう。個性の発揮、自己実現、自己充足、覚醒などのコンセプトはすべて、これまでのあらゆる経験の意義や、そこから得た知見を用いて、あるべき姿へと成長するプロセスのことを指している。つまり、私たちは経験を通して成長できるのである。

仮にあなたが、「コアセルフが自分を導いてくれる」という考え方を信じていなかったとしても、自らが置かれた状況に意義を見いだすことが、よりクリエイティブかつ効率的な行動につながるのは当たり前ではないか。だからまずは、〝揺れ〟に身を任せることで、自分を縛る古い思い込みを壊し、新しいものを築くための地ならしをしよう。それこそが、この身に眠る内なる力を使えるようにするための、唯一の道なのだから。

内なる力であるコアセルフとのつながりを取り戻すことができれば、あるがままの自分でいられるだけでなく、よりいきいきと、一本筋の通った、地に足のついた人生を送れるようになる。それは、とても素晴らしいことだ。

そうなれば、以前ならプレッシャーに押しつぶされて、ただおびえているだけだった状況でも、自信を持って決断を下し、なんとか切り抜けられると思えるようになる。このプロセスは地層を深く掘り進めて、その中に埋まった宝石を見つけるようなものだ。これまでは心の奥底に隠れていたために、見ることも触ることもできなかった自分のポジティブな面を取り戻そう。

いまこそステップ1と2で学んだ（あるいはアンラーニングした）ことを活用して、これまでとは違う自分に生まれ変わろう。だからまずは、ＨＦＡの根っこにたどり着かなければならない。それができてはじめて、ＨＦＡがどこからやってきたのか、どのような形で自分の性格や行動に影響をおよぼしているのかがわかるのだから。

ＨＦＡは恐怖に根ざしている。そしてそれを克服するには、恐怖に支配されるのではなく、うまくつき合う方法を学ぶ必要がある。ただ、それにはまず恐怖が私たちに何を伝えようとしているのかを理解しなければならないし、その内容は人によってそれぞれ異なる。しかしいったんコアセルフとつながりを取り戻せば、あなたは古い鎖から解放され、これまでとは違う生き方をスタートすることができる。

ＨＦＡの道具箱

人生を変えるのに、万人に通じる決まったルールがあるわけではない。人にはそれぞれ個性があり、ある人にとってうまくいった方法も、ほかの人には通じないということがよくある。人生を変えるプロセスとは、いろいろなやり方を試してみて、自分に合った方法を見つけることなのだ。私にできるのは、その作業にとりかかるにあたって、役に立つかもしれない道具を手渡すことだけだ。

だから、これから説明するＨＦＡ向けのツール各種を試してみて、そのなかからしっくりくるものを見つけてほしい。その際、自分をけっして追い込まないように！　あなたは長年染みついた習慣を取り去り、変わろうとしているところなのだから、時間がかかるのは当たり前だ。最後にはうまくいくと信じて頑張ろう。

スター・ウォーズファンの人なら、この例えがわかりやすいかもしれない（もしあなたがファンでなければ、ここは飛ばしてツール１に進んでほしい）。ジェダイ・マスターになるために修行をしている弟子が、ヨーダに何をしたらいいかと尋ねる。するとヨーダは「忍耐強くあれ。若きパダワンよ」という有名なセリフを返す。ジェダイになるためには、周囲の雑音をシャットアウトして、フォースを感じる必要がある。私たちに必要なのもまさにこれだ。その場その場にとどまって〝いまを生きる〟ことで、私たちもジェダイのように、感情をコントロールする能力を身につけることができる。

ツール１

期待するのをやめる

期待していたことが実現しなかったせいで、ショックを受けて落ち込む。私は人生のある時点で、このパターンにほとほと嫌気がさしてしまった。その後、反省と努力を重ねていくうちに、いまではできるかぎり期待を持たないようになった。言い換えれば、物事をあるがままに受け入れて、なりゆきに身を任せるようにしているわけだ。

この〝戦略〟のおかげで心は穏やかになり、普段の生活で起きる雑多な出来事を受け入れ、自分自身を許せるようになった。もちろんいまでも、うっかり何かに期待してしまって、自分をひっぱたきたくなることもある(これを100パーセントきっぱりやめるというのは難しい)。だがそれでも、私は長年染みついていた習慣を振り払いつつある。

期待というのは、未来の自分や、これから起きる出来事や行動に対して抱く、欲求や願望、思い込みや感情的な予測のことをいう。そして、期待には現実的なものと非現実的なものがあるが、私たちを傷つけ、苦しめ、落胆させるのはたいていは後者だ。けっして、すべての期待が悪いわけではないことを肝に銘じておこう。私たちを追い詰め、失敗へとおとしいれるのは、〝高すぎる期待〟なのである。

人は、何かが予想通りの形で起こると期待してしまう。だが、物事は思ったとおりに進むとは限らないし、そもそも現実的にはありえないようなことを期待している場合もある。そして期待が現実にならないと、私たちはがっかりして、最後には怒りはじめる。じつのところ、この〝期待外れ〟のインパクトはとても強力で、セルフイメージをゆがめ、周りの人や世界に対するものの見方に多大な悪影響を与える。

ケーススタディ

もう何年も会っていない友だちから、ある日、ダイアンのもとに連絡があった。地元の町に戻ってきて、誕生日をお祝いしてくれるという。もうその夜の準備もしてあるとのことだった。ダイアンは友だちがどこかすてきな場所を予約してくれているのだろうとワクワクした。だが当日、顔を合わせてみると、こう言われたのだ。「で、今日は何がしたいの？」

すべてが準備ずみだと思っていたダイアンはイライラする。そしてそれをきっかけに、自分はその程度の存在なのだと思ってしまう。がっかりして、友だちが自分の誕生日のために何かをしてくれると期待したこと自体が愚かだったと自分を責める。

「自分には愛される価値がある」という確信を持てないまま育った子ども＝自分にも他人にも必要以上に大きな期待をしてしまう大人

期待するのをやめるには、自分自身と向き合う時間が必要だ。素直になって、心を開かなければばならない。そのためのやり方は人それぞれかもしれないが、いまから紹介する座って呼吸に集中するという方法はおそらく役に立つはずだ。

呼吸に集中しながら、己を振り返る

まず、邪魔が入らない静かな場所を確保して、タイマーをセットする。5分でも10分でも、それ以上でもいい。自分に合った時間にすること。もしこれより短かったとしても、十分効果はある。

・楽な姿勢で座り、呼吸に意識を向ける。浜辺に寄せては返す波をイメージしよう。そのリズムに合わせて呼吸をしながら、浮かんでくる雑念の勢いも波のようにあがったりさがったりを繰り返すのに任せる。それぞれの雑念の中身を冷静に眺めつつ、潮の満ち引きに合わせて、すべてを穏やかに流していく。

・次に自分自身に問いかける。「いまの私は、いったい何者なのか？　そして、これからどんな人間になりたいのか？」。無理に頭で考えるのではなく、答えが自然と浮かんでくるのに任せる。最初は難しくて、1分も保たないかもしれない。それでも続けてみよう。かける時間は問題ではない。変化というのはマラソンのようなものであって、短距離走ではないのだ。

何かを変えたければ、まずはその〝何か〟が実際に存在して、問題になっていることを自覚しなければならない。よって、期待をしないようにしたければ、まずは自分が期待をしてしまっているという事実を認め、その中身を見定める必要がある。

●振り返りのためのチェック

□あなたは自分に対して、どのようなことを期待していますか？

□ほかの人に対して、どのようなことを期待していますか？（必要なら、個人名を書き出してもＯＫ）。

□人生における出来事や、将来の夢、そしてこの世界全体に対して、どのようなことを期待していますか？　それが実現しなかったとしたら、どんな気分になりますか？

ツール2　心からの望みを取り戻す

勇気をもって心を開くには、自分の価値を他人に決めさせるのをやめる必要がある。だが、自分の心からの望みと、普段他人に見せている姿のあいだには「値踏みされ、欠点を指摘されることへの恐れ」が横たわっている。そのせいで、私たちは拒絶を恐れ、自分の価値を低く見積もってしまうのだ。

ケーススタディ

シェーンはこれまで、自分は何事においてもでしゃばりすぎる性格だと思いながら生きてきた。責任感が強すぎて、何かしらのいさかいが起きるたびに頭を悩ませてきた。恋愛では、恋人と親しくなって、自分のことを理解してくれていると思えたところで心を開く。だが、ほかの人には見せないような弱い姿をさらけ出したとたん、愛想を尽かされ、「もうあなたとは一緒にいたくない」と言われてしまう。

するとシェーンは恥ずかしくなって自分を責める。自分の殻にひきこもり、本当の気持ちを心の奥底に押し込めて、自己否定の痛みをそこに閉じ込める。そして、「こんな裏切りはもう…

「ごめんだ。だから、もう誰に対しても二度と弱みをみせるものか」と自分に言いきかせる。

自分はでしゃばりだと思いながら育った子ども＝他人にどう思われているかを気にして、拒絶を恐れる大人

こうした恐れを克服しなければ、自分の弱さを受け入れることはできない。自分自身を信頼して、他人からの承認なしに価値ある存在と思えてはじめて、それが可能になるからだ。他人がこちらに対してどう振る舞うかをコントロールすることはできない。だが自分自身を守り、本当に望んでいることを表現することは可能だ。それにはまず一息入れて、これまでの道を振り返る必要があるかもしれない。だが、最後には間違いなくそれは実現できる。

●振り返りのためのチェック

以下に示した振り返りのためのチェックを紙に書き写すか、声に出して読み上げてみてください。そして、それぞれについて、答えをじっくり考えてみましょう。自分が本当に望んでいるものをはっきりさせるには、この作業を1回きりではなく、何回かやってみる必要があるかもしれません。

それぞれの問いには正直に答えてください。ここでは何かを恐れたり、他人からどう思われるかを気にしてはいけません。この紙はあなた以外誰も見ないのですから、ためらわずに心からの答えを書きましょう。また質問は、恋愛関係に限らず、人生のどのような人間関係に当てはめてもかまいません。

□あなたが心から望んでいるもの、切望しているものはなんですか？

□自分の望みをかなえるため、あなたはこれまでどんな行動をとってきましたか？　ささいなことでもかまわないので挙げてみましょう。

□愛されていると感じるのは、どんなときですか？

□自分が必要としているものや望んでいることを、人に言えないと思うことはありますか？だとしたら、それはどうしてですか？

□何も怖いものがないとしたら、本当はどのように愛されたいですか？　あなたを愛してくれる人はどのように現れると思いますか？

□家族であれ、友人であれ、恋人であれ、あなたが本当に相手に求めているものは何ですか？

□人はみな、誰かに必要とされたいと思っています。あなたはどのように求められたいですか？

□傷つくのが怖いですか？　だとしたら、それはなぜですか？　拒絶されるのがいやだからですか？　自分は〝求めすぎる〟タイプだと思いますか？　そう思うのはなぜですか？

ツール3　恐怖と友だちになる

恐怖とは、〝部屋の中にいるゾウ〟のようなものだ。つまり、たしかにそこにいることはわかっているが、それを認めてしまえば何かが起こる気がするので見て見ぬ振りをしている。そんな存在だ。

恐怖とのつきあい方は人それぞれだが、いずれにせよいつまでも避け続けることはできない。そういう相手に対して一番いいのは――これは人生全般に通じる法則だと思うが――友だちになってしまうことだ。

「これまでの人生、なんとか恐怖を避けながら安全に過ごすことだけを考えて生きてきたっていうのに、恐怖と友だちになれだって？」という声が聞こえてきそうだ。だが私はあなたに、まさにそのとおりのことをしてほしいと思っている。たしかにゾウは巨大で恐ろしいかもしれないが、あなたのいるその部屋から出ていってくれはしない。避けようとしても、無視しようとしても、そこに居続ける。どのみち、ゾウから逃げることはできないのだ。

ステップ１で説明した、ＨＦＡの行動の二面性とその影響を思い出してほしい。ＨＦＡを持つ人たちが、いかに世間に理想の姿を見せて身の安全を確保しようとしながら、一方で自分の望みや本当の姿を隠して見せないようにしてきたかを。まさに、それが〝ゾウ〟なのだ。あなたがＨＦＡを持っているのなら、ゾウはあなたの部屋ではなく、あなたの心の中にいる。

ケーススタディ

ジョイスには、よく電話をかけてきては、人間関係のグチばかりを言う友人がいる。本当はそんな話は聞きたくないのだが、友人の機嫌を損ねたくないので、やりたいことやるべきことを中断してまで、彼女は電話に出ていた。嫌われたくないという一心で、自分にとって何のプラスにならなくても、いつでも話し相手になってあげていた。

ジョイスの〝部屋の中のゾウ〟は「電話に出ずに友だちを怒らせること」であり、そのゾウと向き合うくらいなら電話に出た方がマシだと思っているわけだ。ジョイスは自分が必要とされないことを恐れており、常に〝いい人〟でいて、いつでも電話に出てあげなければ、友だちを失うのではないかとおびえている。だが、もしゾ、ウ、と、友、だ、ち、に、な、れ、ば、境界線を引くのに罪悪感を覚える必要はないことがわかるはずだ。電話に出なくてもいいし、いまは忙しいと伝えてもいい。自分の事情を優先していいのだ。良い友だちであれば、ちゃんとそれを理解してくれるはずなのだから。

誰かを怒らせることに罪悪感を覚える子ども＝周りをがっかりさせることを恐れる大人

恐怖と友だちになるなんてとても無理だと、はじめは思ってしまうかもしれない。だが、友情とは往々にして、相手を知ることからはじまるものだ。それを考えれば、とるべき道が見えてくる。

まずは、自分がなぜ怖がっているのかをはっきりさせよう。人から拒絶されるのがいやなのか？　人からどう思われるかが気になるのか？　物事がうまくいかなくなることを恐れているのか？　恐怖をパーツにまで分解してみて、それがどこからきているのかを見極めよう。

そして恐怖のことがよくわかったら、逃げずに向き合って、受け入れる覚悟を決めよう。大丈夫。いったん恐怖と友だちになれば、「なぜ自分はこれまで、こんなものから逃げてきたんだろう」と思えるようになる。もちろん、いままで恐怖と友だちになったことがない人にとっては、はじめは難しく感じるし、プレッシャーに押しつぶされそうにもなるだろう。だが、前に進めば進むほど、気分は楽になっていく。つまるところ恐怖は、私たちの脳が身の安全を確保するために使うメカニズムのひとつにすぎない。

大切なのは恐怖を十分に理解して、その声に耳を傾けるべきときと、距離をとるべきタイミングを見分けられるようになることだ。一度、自分の恐怖の出どころを把握できれば、自分なりにコントロールできるようになり、ゾウはあなたの友だちになってくれるはずだ。

●振り返りのためのチェック

自分が抱えている恐怖とまっすぐに向き合えるようになったら、次の質問に答えてみましょう。

□恐怖があなたに語りかけてくる、起こりうる最悪の事態とは何ですか？

□恐怖は、どんな形であなたの足をひっぱっていると思いますか？

□あなたが恐怖にうまく対応できていないのはなぜですか？

ツール4　自分の〝言葉にならない言葉〟を振り返る

ＨＦＡの人は、本当に言いたいことを言わずに済ませることが多い。理由としては、他人からどう思われるかが不安だったり、子どものころに自分の欲求や望みが満たされることがほとんどなかったので、そもそもそれを口に出す必要がないと学んでしまったりしたからだ。

もちろん、いつも本音ばかりを口にしていたら、周りの人を怒らせてしまうだろう。気配りやマナーというものが存在するのには、それなりの理由がある。だが、私がここで言う〝言葉にならない言葉〟とは、私たちがなんらかの理由によって、口に出すのを恐れている言葉のことだ。

だから、たとえ自分以外の誰にも聞かせることがなかったとしても、そうした言葉に向き合って、きちんと耳を傾けることは重要だ。そうした言葉の存在を認めてはじめて、私たちは自分の足をひっぱっている恐怖を乗り越えることができるのだから。

そして恐怖について考えるときは、その実体をしっかりと見極める必要がある。じつのところ恐怖というのは、偽物の証拠を本物と思い込んでいることから起きている場合が多い。例えば、あなたが子どものころに熱いラジエーターを触って手にやけどをしたとする。これはいやな体験だったので、もう二度とそんな思いをしないよう、体は「ラジエーターを見たら注意せよ」という公式をつくりだす。その後の人生で出くわすラジエーターは、たしかに熱いこともあるだろうが、せいぜい少し温かい程度かもしれないし、場合によっては冷たいことだってあるだろう。だが体はそれとは無関係に、ラジエーターを見るたびに、触ったらやけどを負ってしまうほど真っ赤に焼けているかのように警戒するようになる。

これと同じことは、感情でも起こりうる。子どものころ、本音を言ってバカにされたり、無視されたりしたことがある場合、自分の気持ちを表に出すことで誰かを不快にさせたり、でしゃばりだと思われてしまうのだと〝学習〟してしまう可能性がある。つまり、自己イメージをあらかじめ規定して、自分の見せ方を心得て、出過ぎたまねをしないようにすることで、「恥」というある種の危険信号となる感情を感じなくてすむようにするわけだ。この感情は、たしかに気持ちのいいものではない。本音を言うことで、でしゃばりだと思われて恥ずかしい思いをするくらいなら、自分を抑えるようになるのは理屈がとおっている。

しかしだからこそ幼少期の記憶と向き合って、自分がどのように世界を経験してきたか、そして自分自身や他人、この世界についてどのような考え方をするようになったかを(非難ではなく)理解することが、とても重要になってくる。

〝言葉にならない言葉〟を振り返ることで、他人を喜ばせるためにいかに自分を抑えてきたかが見えてくるからだ。この部分を掘り下げれば、自分が日々どのように振る舞い、周りの反応をうかがっているかがわかるようになる。そしてここでもうひとつ重要なのは、恥という感情をコントロールする方法を学ぶことだ。これまでは、恥を隠すというのが私たちのやり方だった。だが、そんなことをしても、なかったことにはできないのだ。

ケーススタディ

ローラは彼氏と7年間つきあっていて、2人のあいだには子どももいる。しかし最近、彼にイライラすることが増え、つらくあたってしまうこともあった。たいていはすぐに冷静になって、疲れていたせいだと謝る。その繰り返しだった。だが彼女は、本当の気持ちから目をそらしていた。もし真正面から向き合ってしまえば、彼が不機嫌になって、自分のもとからいなくなってしまうのではないかと恐れていたからだ。過去にも同じような経験があった。

だから彼女は、本当に頭にきているときでも、気持ちを抑えて、怒りの言葉を飲み込んでいた。恐れていることが現実になるのが怖くて、自分の意見を言ったり、相手にしてほしいことを伝えるのをためらっていたのだ。だがここで考え方を変えて、自分の本当の気持ちを伝えても彼が逃げてしまうとは限らないことを自覚すれば、本音には言うべき価値があるということに気づくはずだ。

●●●●●●●●●●●

感情面で満たされなかった子ども＝見捨てられるのを恐れて、人を怒らせることを異常に心配する大人

このツールは、使うにあたって、己と向き合い、本当の自分の姿を見つめ直す必要があるという点で、ツール1と2を組み合わせたようなものだと言える。以下に示した振り返りのためのチェックを使って、あなたの〝言葉にならない言葉〟がどのようなものであり、なぜそれを言葉にしなかったのかを考えてみてほしい。過去に言葉を飲み込んだときの経験を振り返って、その理由を考えてみるのだ。そして、例えばその理由が誰かの気持ちを傷つけたくないという理由からだったとしたら、それが本当に相手のためだったのか、あるいは相手を怒らせたくないという自分の恐怖心からだったのか、きちんと自問自答してみよう。

ただし、この作業は自分自身に思いやりを持って行うこと（そう簡単ではないが）。〝言葉にな

らない言葉〟を泡のように心の表面に浮き上がらせて、それを書きとめるか、心の中でつぶやいてみる。そして、その言葉が自分にとってどのような意味を持つのか、どこからきたのか、何が怖くてその言葉を発することができなかったのかを考えてみよう。

●振り返りのためのチェック

□世間に対して、あるいは誰か特定の人に対して、あなたは何を伝えたいですか？

□自分自身を表現するのをためらう理由はなんですか？　なぜあなたは自分を抑えているのですか？

□あなたが恐れているものは、なんですか？

ツール５　拒絶という〝自分の中での戦い〟を避ける

人は誰だって拒絶されたくない。まずはその事実を認めよう。

拒絶にはとても強い力がある。私は子どものころから、なんとか拒絶を避けようとしながら生きてきた。なぜなら、誰かに拒絶されると自分が根本的に間違っているような気持ちになるからだ。ＨＦＡを持っている場合はなおさら、拒絶にあったときに自分が悪いと思ってしまいがちだ。が、その認識は改める必要がある。誰かから賛同を得られないからといって、自分に責任があるとは限らないのだから。

恐怖におびえて本当の自分を抑え込み、拒絶されるのがいやだから他人が望むような姿を演じるというやり方は、長くは続かない。最後には、自分を見失ってしまうことになるだろう。だから私たちは自分の〝繊細さ〟を違った形で捉え直し、普段の生活のなかで感受性をどのように扱っていくかを学ぶ必要がある。これについては次のステップで詳しく取りあげよう。

私は、拒絶というものはあくまで〝自分の中での戦い〟だと思っている。あなたは自分がダメな人間だと思い込んでいて、ほかの人からも同じように見られていると感じているので、誰かから拒絶されそうなシチュエーションに身を置くのを避ける。だがじつのところ、あ、な、た、のことを避けているのはあなた自身であり、そうした状態を望んでいるのもまた、あなた自身なのである。なんだか、頭が混乱するような話になってきた！

このステップの冒頭に載っている、私とあるクライアントとのやりとりを思い出してほしい。このクライアント自身は、当初、差し迫ったプレゼンのことを心配しているのだと考えていたが、その中身を掘り下げていった結果、根っこには同僚から拒絶されることへの恐れがあることを自覚した。それによって心構えを変え、恐怖を乗り越え、最後には自信を持ってプレゼンに臨むことができるようになったのだ。

ケーススタディ

シムランは仕事を探しているが、8社に応募したのに、まだどこからも返事がない。同じく就職活動中の友だちのなかには、すでに面接を終えて、結果待ちの者もいる。「失敗してしまった。何が悪かったのだろう。なぜどの企業も返事をくれないのだろう」とシムランは思う。

そしてついには「自分は嫌われた。拒絶されたのだ」と考えてしまう。実際には企業から返事がない理由は、それ以外にいくつもあるのだが、彼は視野が狭いために、自分がダメなせいだと短絡的に思い込んでしまうのだった。

いつも批判されていた子ども＝他人と自分を比較して劣等感を感じる大人

ローマ皇帝で、哲学者でもあったマルクス・アウレリウスの有名な言葉で「立ちふさがるものこそが、道となる」というものがある。これは、人間には行く手を阻む障害を乗り越えて、新しい道を切り開く力がある、という意味だ。そして、どのように障害を乗り越えるかはその人次第であり、拒絶も障害のひとつである。

拒絶というものは、その中身をつぶさに見ていくと、つまるところある種の〝方向転換〟にすぎないことがわかる。だが、拒絶を怖がっていると、自分の本当の気持ちを抑えてしまうので、前に進むことも、素直になることも、障害を乗り越えることもできなくなる。すると、その場をただ、ぐるぐると回るだけになってしまう。

そこで、自問自答してみよう。拒絶にあったとして、起こりうる最悪の事態はなんだろう？もちろん、誰かに拒絶されるというのはけっしていい気分ではない。だが拒絶を受け入れて、それを別の道へ進むためのきっかけにすることは可能だ。とにかく、前に進み続けることはできるはずなのだ。

いま進んでいる道に障害物があったからといって、歩みをとめる必要はない。ただ、別の道を行けばいいだけだ。

●振り返りのためのチェック

□誰かに見捨てられたと感じたときの状況を思い出してください。そしてそれを自分のせいにするのではなく、違った形で捉え直してみましょう。

□単に拒絶されるのがいやだからという理由で、避けていることはありませんか？

□もし答えがイエスなら、それを別のアプローチでやってみることはできますか？　あるいは、ほかにとるべき道がありますか？

ツール6　過去を振り返って、きっかけを見つける

子どものころ、あなたは養育者から必要なものを与えてもらえなかったとする。だがそこで、その事実に対する怒りから目を背けると、同時にそこに内包されたエネルギーや力を放棄することになってしまう。その場合あなたは、そのようないやなところには二度と近づかないような行動パターンをつくりあげる――たとえそのせいで結果的に自らの足をひっぱることになったとしても。つまり、自分の本当の気持ちよりも、「恥ずかしい」とか「怖い」という気持ちのほうが先にたってしまう。こうして過去の経験は、現在の行動のきっかけになる。

逆に幼少期の記憶をたどりつつ、普段生活に隠れているきっかけを見つけて、自分の行動パターンについての理解を深められれば、そこに埋もれている怒りを掘り起こすことができる。しかも、怒りというのは副次的な感情なので、そのさらに下には苦痛や悲しみ、心の痛みがある。そのため、さらに掘り進めれば自分が長年抑えこんできたエネルギーの鉱脈にぶち当たって、感情のより深い部分まで達することができる。これは心身の健康にとって、極めて重要だ。なぜなら研究によれば、こうして抑圧されてきた感情は、病気として体に表れてしまうことがあるからだ。

いったん根本的な怒りや痛みに適切に対処できれば、そこに眠っていたエネルギーが解放され、それがふたたび心に統合される。ありのままの、いきいきとした、地に足の着いた感覚が戻ってくる。また、さらに心の奥底を深く掘り下げれば、これまでは隠れて表に出てこなかった、自分の良い部分を取り戻すこともできる。過去にさかのぼって思い込みを取り去ることで、これまでは自ら否定してきた己の一部を再発見できるのだ。

例えば、あなたは若いころに恋人に浮気をされたり、フラれたりした経験があるとする。それが乗り越えるのが難しいような大失恋ならばなおさら傷や痛みをひきずって、次の恋愛で本気になるのが怖くなるだろう。するとそれがきっかけとなって、自虐的な行動をしたり、深い関係に進むのを拒んだりするようになる。前に述べた、熱いラジエーターでやけどをした子どもと同じように、過去に傷つき、痛い思いをしたあなたは、もう同じ思いは二度とするまいと、新しい〝接触〟を避けようとするわけだ（まさに、ラジエーターのときとまったく同じように）。

ひどく悲しい思いをした子ども＝深いかかわりを怖がる大人

また、あなたがもしいま、友だちから仲間はずれにされていると感じていたり、過去に友だちに裏切られた経験があったとしても、事情は同じだ。やはり同じように自分の価値を疑いはじめ、それがきっかけになって身を守ろうとして（そうすれば安全だと思い込んで）、人から距離をとるようになってしまうだろう。

さて、ここまで本書で紹介するステップをこなすことで、あなたはすでにある程度、自分の過去を掘り下げることができたはずだ。また、その過程でおそらく、自分の人格を形づくった出来事を見つけたり、自分の足をひっぱっている自虐的な行動パターンに気づいたりしているだろう。ただ、この作業はまだ続ける必要がある。

きっかけを特定する

恋愛や友人関係に限らず、仕事上のつきあいを含めた過去の人間関係全体を振り返って、自問自答してみよう――自分はなぜ、あのときあのような行動をとったのか？　なぜ、あのようなやり方をしたのか？　答えが見つかったら、しばらくそれについて考えをめぐらせて、そうした行動や反応の〝きっかけ〟を探してみよう。ただし、自分を責めてはいけない。あくまで事実を新しい視点から見直すだけだ。必要なら答えを紙に書きとめること。

掘り下げれば掘り下げるほど、自分への理解が深まる。そして理解が深まるほど、なぜ自分がそのように行動したり感じたりしたのかが見えてくる。自己認識が深まれば、自分のためになる前向きな選択をして、罪悪感や羞恥心と折り合いをつけ、自分の足をひっぱっていた恐怖から自由になれる。

●振り返りのためのチェック

□他人とのかかわり方に、自分なりのパターンがありますか？

□切り捨てるべき過去の執着はありますか？

□怖いからという理由で、何かをあきらめたことはありますか？

ツール7　古いルールから解放される

すでに何度も説明したとおり、私たちは幼少期の経験をもとに、自分という存在の人格や人生、他人とのかかわり方などについての信念を形成し、それが生きていくうえでの〝ルール〟になっている。

例えば子どものころに、不幸な出来事や苦痛、困難などを経験した場合、それがトラウマになって、自分は愛される価値のない存在なのだと思い込んでしまったりする。すると無意識のうちにその〝ルール〟に縛られて、周りの人の邪魔にならないようにこそこそと振る舞うようになる。自分には〝愛される価値がない〟と思い込んでいれば、当然、人と触れ合う際に、常にそのレンズを通して物事を見るようになる。

ただ、恐怖の正体を知ることがその克服に役立ったように、自分がつくりあげた行動パターンやルールを理解すれば、それを打ち破ることも可能になる。私たちは過去のトラウマを反すうしながら、自分の身の安全を確保するつもりで特定の行動パターンをつくりだす。しかしそのせいで、そのときの悲しみや無力感や怒りなどを何度もよみがえらせている。よって、そうしたパターンやルールを白日のもとにさらさないかぎり、それを書き換えて、そこから抜け出すことはできない。

自分の振る舞いの根っこにあるものを把握し、その影響を理解する。それができてようやく、私たちは物事を直感的に捉えて、パターンやルールを客観的に観察し、それがどのように形成されてきたかを深く理解することができる。それこそ、自分の人生を縛っているルールを整理し、そこから自由になるための第一歩なのだ。

ケーススタディ

タマラは友だちと一緒にお気に入りのレストランで食事中だ。友だちはこの1週間がいかに忙しかったかをグチり、早く家に帰ってパジャマに着替えたいとこぼしている。皿を下げにきたウエイトレスが、「デザートはいかがですか」と尋ねてきたが、タマラは、疲れて家に帰りたいと言っている友だちの時間をこれ以上奪いたくなかったので、それを断った。この日は朝から、このレストランでデザートを食べるのをずっと楽しみにしていたし、次に来られるのは数カ月は先になるにもかかわらずだ。

なぜタマラは、欲しいものをあきらめたのか？　それは、自分がでしゃばって時間をとったと思われたくないし、友だちに決断をゆだねたかったからだ。要はタマラは、悪く思われたくない、友だちを怒らせたくないというルールに縛られている。「眠いって言ってたけど、デザートはどう？　私、朝からずっと食べたいと思ってたのよ」と言うことだってできたはずだ。だが彼女は、自分を押し殺すことを選んだのだった。

条件付きでしか愛情を与えられなかった子ども＝「でしゃばると嫌われる」と、オドオドしてしまう大人

ステップ１では、ＨＦＡがさまざまな形で行動に表れることを説明し、ステップ２では、幼少期の経験について深く掘り下げた。だからあなたはもう、自分の行動パターンをある程度把握し、それがどこからきたものなのかも、それなりにわかっているはずだ。もしまだそうなっていないのであれば、この２つのステップを見直しながら、根本的な原因を探ってみてほしい。

そうしていったん自分のパターンを把握したら、次は意識的にそこから抜け出す努力をはじめよう。これには時間がかかる。何度も失敗するかもしれないし、誰かの助けが必要な場合もあるだろう。ただ、大切なのは、立ち止まらずに理解を深めていくことだ。自分がどんな風に努力をしたか、日記につけておくといい。そうすればダメだったことだけでなく、うまくいったことも記録されていくし、なにより進歩の過程が形になる。

●振り返りのためのチェック

自分が〝箱〟の中に閉じ込められて人生を送っていると考えてみてください。

□その箱の中には、どのようなルールがありますか？

□あなたはその箱の中で日々、どのように振る舞っていますか？

□あなたは人前ではどう振る舞っていますか？　自分ひとりのときは？

□あなたの人生における主なルールを３つ挙げてください。そのルールはどのような形であなたの足をひっぱったり、あるいは逆に可能性を広げたりしていると思いますか？

ツール8　境界線を引く

〝境界線を引く〟というのは要するに、自分の人生において対処できることとできないことを、意図的に区別することだ。そしてここで重要なのは、境界線というのは自分自身にのみ適用できるということ。これはあくまで自分自身の選択であり、他人の行動をコントロールすることはできない。境界線というのは、自分が物事にどう反応するかなのだ。

また、境界線は自尊心を尊重する形で引くべきだ。ＨＦＡの人にはよくあることだが、そもそも自尊心が低かったり、他者による承認が欲しいと思っていたりすると、自分の気持ちをねじ曲げて、境界線のほうに合わせることになりかねない。すると普通なら耐えられないようなことも、自分の価値を保ちたいがために我慢してしまうかもしれない。しかし自尊心を高めて、自分自身と良い関係を築けるようになれば、境界線の引き方が変わり、それにつれて線そのものも太く、くっきりとしたものになっていく。

また、人間関係における不健全な愛着を取り払うことができれば、新たな境界線の引き方もわかってくる。そうすれば承認欲求を満たしたいとか、周りにいい顔をしたいとかいった理由で、自分を見失うこともなくなる。そうなればもう、〝パンくず〟で我慢することなく、ちゃんと自分の分のケーキを要求するようになるはずだ。

例えば恋愛であれば、これまであなたは相手の機嫌を損ねたくない、嫌われたくないというだけで、自分の望みを押し殺して相手の言い分だけをきいてきたのかもしれない。自分の望みなんてかなえるに値しないと思い込んで。

自分はでしゃばりだと思いながら育った子ども＝恋人の機嫌を損ねたり、嫌われ

たりしたくないがために、本音を口にするのを怖がる大人

だがそのパターンから抜け出せれば、あなたは変われる。自分が劣っているのではないかとか、拒絶されるのではないかと心配するかわりに、心から正しいと思うことを実行して、相手と素直にコミュニケーションをとれるようになる。それがひいては健全な関係を築くことにつながっていく。これは恋愛だけでなく、すべての人間関係に当てはまることだ。

●振り返りのためのチェック

まずは恋人、友だち、職場の同僚とのどれでもいいので、自分の人生における重要な人間関係をひとつ思い浮かべます。そしてそれを客観的に観察しながら、以下の質問について考えてみましょう。相手の行動だけでなく、自分の行動についてもじっくりと思い出してください。

答えるときはごまかさずに正直に。ここでも必要に応じて紙に書くことで、物事がよりはっきりするでしょう。しっかりと自分自身に向き合って真摯に質問に答えれば、問題の本質に気づくことができるはずです。

□その関係のなかで、自分の望みは相手の望みと同じくらい尊重されていると思いますか？

□自分の本音を相手に伝えることができていますか？

□その関係のなかには、どのような境界線がありますか？　変えたいと思っている境界線や、新たに引きたいと思っている境界線はありますか？

□あなたがその関係について、一番心配していることはなんですか？

□それ以前の人間関係からひきずっているような行動パターンはありますか？

□その関係について、変えたいと思っていることはありますか？

ツール9　自分の価値を認める

周りから評価されたいという理由で、自分を抑えてはいけない。全員に理解され、誰とでも仲良くできるなどということはありえないのだ。それを自覚するだけで、普段の立ち振る舞いが変わってくる。相手がこちらに対してどのような態度をとってくるかということを、自分の問題として引き受ける必要はない。

これは、自分の中に、人生の方向を決める力を見つけるチャンスだ。心が地面に根を張りはじめているのを感じよう。例えば、目の前に1本木が生えていて、それを力ずくで押し倒そうとするとしよう（めちゃくちゃな話だと思うかもしれないが、もう少しおつきあいを）。だが地面の深いところまで根が張っていれば、そんなことはとても無理だろう。あなたの心も、根がしっかりしていればこの木のように丈夫になる。

「自分の価値を認める」というこのツールをほかのものと組み合わせて使うことで、自分の中にある強さと自立心を見つけてほしい。そうすれば、人生の新しい方向性や目的が見えてくるはずだ。

前にも述べたが、慣れ親しんだ仕組みや生き方から抜け出すのは、たとえそれがすでに役に立たないものになっていたとしても、簡単なことではない。だが、そうした仕組みのせいであなたは、自らの影の部分に閉じ込められてきたのだ。いまこそ、心の中にある光に身を投じて、本当の自分を受け入れるときだ。あなたはもっと、いろいろなことができるはずなのだ。だから、ためらうことなく行動を起こそう。

ケーススタディ

ロヒットは友だちと車で出かけるとき、いつも運転をしている。たまに友だちに運転を頼んでみても、なんだかんだ理由をつけてロヒットにやらせようとするので、彼らの機嫌を損ねないように引き受けてきた。

友だちを乗せて1日中ドライブをしたあとは、いつもぐったりと疲れてしまう。それでも仲間はずれにされたくないので、運転中に自分の興味を持てない話題で盛り上がっている彼らの輪のなかに無理に入ろうとしていた。いつも運転手をさせられていることについてどう思っているかや、自分が本当に興味を持っている話題を口にしないことによって、ロヒットは自らの光を消しているのだった。ただただ、友だちの機嫌をとりたいという理由だけで。つまり、彼は自分自身の価値を認めていないのだ。

条件付きでしか愛されなかった子ども＝周りに溶け込み、価値を認めてもらうために、自分の光を消す大人

断言しよう。あなたはそのままで十分に価値がある。必要なものはあなたの中にすべて備わっている。だから、もう過去に縛られるのはやめよう。いまこそ、自分自身に向き合うときだ。鏡を見るか、目を閉じて、自分に言いきかせよう。「私には十分に価値があるし、能力もある。尊敬に値する存在だ。だから私は、自分の光を輝かせることに決めた」と。そして、これまでに自分が達成してきたことを思い出そう。もう、何かの影に隠れる必要はないのだ。

●振り返りのためのチェック

□自分の気持ちを抑えていると感じるのは、どういうときですか？

□自分の光を消していると感じるのは、どういうときですか？　特定の人物がそばにいるときに、そうなりがちですか？　もしそうなら、その人の何がそのようにさせるのだと思いますか？

□ほかの人からどう思われるのが怖いですか？

□ほかの人から言われたら一番いやなことは何ですか？　そして、あなたはなぜそのことをそんなに気にするのですか？

ツール10 自分に正直になる

自分に正直になってはじめて、人は変わりはじめることができる。ただし、ここで言う正直とは、〝心の底からの正直〟でなければならない。これはほかの誰でもなく、自分自身に関することであり、自分に正直になれるのは、自分だけだ。ただ前にも述べたとおり、それはそう簡単なことではない。この種の自己分析によって、心の奥底に沈めてあえて見ないようにしていた古い問題が、ふたたび意識の表面に浮上する可能性があるからだ。しかし、そうした問題から本当の意味で自由になるには、正面から向き合うしかない。そのためには、もう逃げないという覚悟を決める必要がある。

だがHFAの人はそもそも自尊心が低く、何をするときにも他人を喜ばせようという気持ちが根っこにあるため、〝自分に正直になる〟というのがどういうことなのか、忘れてしまっている場合が多い。それでも、さなぎの中で羽化を待つ蝶のように、持てる可能性を最大限に開花させるには、自分自身にじっくりと向き合う時間が必要であることがわかるはずだ。逆に言えばこれは、過去のトラウマやそれに端を発する現在の行動パターンから抜け出すチャンスなのだ。

あなたはいつも完璧でいることはできない。というより、この世に完璧な人などいない。簡単ではないかもしれないが、まずはそれを認めよう。それこそが、幼少期の経験によって押しつぶされた自己効力感と自信を取り戻すための第一歩なのだから。

ケーススタディ

サムはこれまで長いあいだ、周りの人に合わせるだけで、自分の意思で何かを決めるということをしてこなかった。だがいまは、どこに行き、何をして、どのように楽しみたいのか、自分で決めなければならなくなった。正直なところ、自分が何をしたいのかわからず、目の前の選択肢を前に困惑している。だが、それでいいのだ。新しい恋人とデートをして、徐々に親しくなっていくようなものだと思えばいい。相手のことを、最初からすべて理解するなんて、無理だろう。新しい自分に対しても同じだ。人生という旅の途中では、時間をかけて何かを学ぶべきときがある。最初からすべてをわかっている必要はないのだ。

自分のやりたいことなんて誰も聞いてくれないと思って育った子ども＝選択肢の多さに圧倒され、何がしたいのかを決められない大人

このステップで示したツールはすべて、自分に正直になるための練習でもある。だから、ここまでにツール1から9までをちゃんと試してみたのなら、あなたはすでに自分自身についてかなり深掘りができているはずだ。あとは続けることが大切になってくる。

周りの人や世の中や自分自身に対して、正直であり続けよう。「自分はとるに足りない存在だ」「自分の気持ちなんてどうでもいい」「そんなことはしないほうがいい」というのは、偽りの安心を得るために自分に言いきかせていた嘘であり、あなたの足をひっぱるだけだ。だからもう、そうした嘘をつくのはやめよう。

内省のムードボード

ここで少し創造力を発揮して、「ムードボード」をつくってみよう。まずは紙かカードを用意して、真ん中に自分の名前を書き、その周りに自分自身の性質を表していると思う言葉や絵や写真を追加していく(雑誌から切り抜いた写真を貼り付けてもいいし、紙ではなくアプリなどでムードボードをつくるなら、画像をコピー&ペーストしてもいい)。

次に、このムードボードを誰かに見せることを想像してみる。あなたが自分自身についてどう思っているか、相手にちゃんと伝わるようなボードになっているだろうか。これまで自分のことをあまり話した経験がない人にとって、この作業はかなり抵抗があるかもしれない。でも、気にしないようにしよう。いまはその抵抗をあえて味わいつつ、とにかく自分らしく振る舞うときなのだから。

さて、これであなたはすべてのツールを手にしたことになる。自分に対する思い込みを捨て、本当の気持ちに素直に向き合って、適切な境界線を引き、自己効力感を取り戻すために、きっと役に立つはずだ。

ステップ3まとめ

これでステップ3は終了だ。まずはここまでたどり着いた自分を褒めてあげよう。

「振り返りのためのチェック」に答えながら、自分の影の部分に正面から向き合うのは簡単なことではなかっただろう。だが、このステップは、自分の中の2つの側面を統合し、恐れから解放され、足をひっぱるルールを解体し、自己不信から立ち直るうえで極めて重要なものだ。いまこそ、自分を縛ってきた古い仕組みを打ち壊して、新しい自分を確立するためのスペースを確保するときだ。

そしてこれからもまだ、学びは続く。ステップ４では、生まれたばかりの〝新しい自分〟とともにエクササイズに取り組んでもらう。あなたもきっと、私のクライアントの多くがそうであったように、新しい自分がどんな人間なのかまだよくわかっていないはずだ。だが、それでも大丈夫。焦る必要はない。さなぎには、いずれ羽化するときがくる。私たちはまだ、旅の途中なのだ。

蝶になって光の中に飛び出していく覚悟はいいだろうか？

STEP 4

自分の繊細さを受け入れ、自信を取り戻す

ステップ1～3では、子どものころの経験が私たちの人格を形づくること、そしてHFAの人は感受性が強い傾向があることについて、かなりのページを割いて説明した。ステップ4では、この〝感受性が強い〟という言葉が何を意味するのかについて、もう少し詳しく見ていこう。

感受性が強い人は、良きにつけ悪しきにつけ、物事に深く影響されやすい。いいときには大きな喜びを感じられるが、悪いときはより大きなストレスを感じたり、人間関係や適応能力に問題が生じる場合が多い。

HFAを持つ人は過去の経験から、自分の感受性の強い部分を持てあましてしまい、隠すことを学んでいる。だが、感受性の強さは長所でもある。うまく使えれば、より深く、有意義な人間

関係を築くのに役立つからだ。

私の場合、この事実を自覚したときにすべてが変わった。理想と現実のギャップを埋めるために、頭の中で延々とストーリーを語り続けるいつものパターンから抜け出すことができたのだ。自分の感受性の強さから目を背けるのをやめ、実際に感じていることを受け入れられるようになった。みなさんにもこの機会にぜひ、自分の感受性の強さを受け入れてもらいたい。

感受性を生かすための余地を確保する

では、感受性とはそもそもどういう意味なのかと言えば、それは「感覚を通して外の世界とつながる」という、人間として当たり前のことを指している。そして〝感受性が強い〟というのは、ほかの人の感情を察知しやすく、声のトーンや身振りなどの微妙な変化にも気づきやすいということだ。

だが自分の感受性の強さを自覚していなければ、それはまるで青いレンズのメガネでもかけたかのように、周囲の人間の微妙な変化を、自分が何か悪いことをしてしまったからに違いないと思い込みかねない。つまり、「誰かの態度が変わる＝自分が何か悪いことをした」と短絡的に結びつけてしまうわけだ。この認識は改める必要がある。

ステップ２のところで私は、子どものころ家庭が安心できる場所ではないと感じていたせいで、結果的に自分の気持ちを表に出さないようになったことをみなさんに話した。そしてステップ３では、さらに幼少期の経験の奥深くまで潜って地層を掘り下げ、自分の最も繊細な部分をあらわにした。そこでは、それを避けることを中心に人生がまわってきたとまで言える〝根源的な恐怖〟を白日のもとにさらした。そうした心の力学を知り、しっかりと理解することは、目の前の問題に立ち向かううえでの強力な武器となる。繊細な感受性のなかには恥ずかしさを乗り越える強さがあり、自分を疑う声を励ましの歌に変えてくれるからだ。

そしてこのステップ４では、感受性の強さを受け入れ、それを生かすための余地の作り方を学ぶ。つまり、感受性を狭くて暗い場所に閉じ込めておくのではなく、まぶしい光の中に連れてくるのだ。これまで閉じ込められていた感受性は、無垢《むく》で刺激に慣れていないので、最初のうちは少し痛みを伴うかもしれない。ただ、長年にわたって抱えてきた不安や罪悪感、羞恥心から自由になろうとしているのだから、それもある意味では当たり前だと言えるだろう。

あなたはここから、不安や恐怖に身をゆだねるのではなく、自分を信じる方法を学んでいく。恐怖心が生み出したストーリーではなく、感受性の声に耳を傾けるのだ。おびえを振り払って、いまこそ光の中に立つときだ。恐怖から車の〝ハンドル〟を奪い返そう。とはいえ、恐怖はいなくなるわけではない。同乗者として車に残るし、時にはその声に耳を傾けることもあるだろう。

だが、車の行き先を決めるのはあなただ。

心を開いて自分の感受性を受け入れよう。それが、人に共感して深いつながりを築くための鍵なのだから。

恥ずかしさを乗り越えれば、あなたはもともと持っていた魂の強さを取り戻し、堂々と自分らしい光を放てるようになる。

一番大切なのは、他人の態度の変化を自分のせいだと思わないことだ。

誰かの身に起きることはすべて、その人の人生という旅の一部にすぎない。そして、それに対してどう反応するかは、あなた次第だ。余計な気をまわさないようにして、〝他人《ひと》は他人《ひと》〟と割り切ろう。そこで必要なのは、状況を観察して余裕を確保すること。つまり、フィードバックを受け取りつつも、それを深刻に受け止めすぎることなく、冷静に観察する余裕を持つことだ。そうすれば、フィードバックを次に生かせるし、そもそもそれが自分のせいではないことを理解できる。

そしてその〝余裕〟を確保するには、自分自身に思いやりを持って接し、あくまでみな同じ人間なのだという前提を受け入れ、そのうえで自主性と責任感を身につけなければならない。また、心の隙間を埋めるためにつくりだした偽のストーリーによって、己の価値を決めつけないようにしつつ、自分を奮い立たせる必要もある。

あなたは何も悪くない

みんなに聞こえるように、もう一度大きな声で言わせてもらおう。

あなたは何も悪くない。あなたはそのままで素晴らしい！

すでに何度か述べたことだが、ＨＦＡを持つ私のクライアントは、何かがおかしいと感じながらも、それが何なのかわからないということがよくある。このような状態で生きるのはとてもつらいことだ。自分が何かをしたり、誰かとかかわったりするたびに、何か間違ったことをしてしまったのではないか、相手からどう思われているのだろうという不安が伴うのだから。ほかの人といつも〝心配の糸〟で結びつけられているのに、どうしてあるがままの自分でいられるだろう。ＨＦＡを持つ者にとって、自分を信じるというのは極めて難しいのだ。

感受性の強い私たちは、相手が望むような反応を返してくれないとき、自分に何か問題があるからだ、何か間違ったことをしてしまったからだとすぐに思う。要は、自分が何かしらの形でいたらなかったのではないかと短絡的に考えてしまう。これはまさに、私たちの自己イメージそのものだ。

まるで心の奥に抱えるコア・ビリーフが光を放ち、外の世界に投影されているかのようだ。さらにそれが、ここまでに説明してきたＨＦＡ特有の行動パターンへ発展する。すなわち、「自らの欲求を満たすべく自分を追い込むものの、そのたびにそれに関する他人の反応をコントロールすることはできないという現実に直面する」というパターンだ。

そこで私たちは、考え方を変え、もつれた結び目をほどく必要がある。すぐに「私の何が悪かったんだろう？」と〝反応〟するのではなく、その時々の状況で何が起こっているのかを把握したうえで、自分が何に反応しようとしているのかを好奇心を持って観察して、意識的に考え方を変えなければならない。

これは、一朝一夕にできることではない。時間がかかるし、これまでに染みついた「私の何が悪かったんだろう？」という反応に戻ってしまうこともあるだろう。そんなときはどうか、自分を責めないでほしい。それもあくまで変化のプロセスのひとつだからだ。あなたはすでに、自分のことを理解しているし、考え方を変えるためのツールを手にしている。

感受性をナビゲートする

私はかつて成長の過程で、自分の感受性のスイッチを切らなければならなかったことがある。

なぜなら、どのように感受性の声に耳を傾けたらいいかわからなかったからだ。だが、その声をシャットアウトしようとしたせいで、最後には自分の感受性と〝戦う〟はめになった。何かに敏感に反応したり、自分の感情を表に出したりするのは弱さの証だと思っていたので、そもそも何も感じなかったかのように振る舞っていたのだが、そのせいで心がバラバラになってしまったのだ。

例えば何かに動揺したとしても、家族に嫌われたり、情けないと思われたくなかったので、私は感情を押し殺していた。取り乱している姿を見せるのは、私の家ではみっともないことだとされていたからだ。傷つくのをおそれて、これを〝ルール〟にして壁をつくり、その場その場をしのいでいた。いまになって思うと、当時の自分がかわいそうになってくる。そのとき手元にあった限られた道具と知恵を使って、なんとか生き延びようとしていたのだ。

私は、誰かに愛されたかったし、気にかけてほしかった。しかしそれと同時に、自分に価値があると思いたいがために、周りに受け入れてもらわなければとも考えていた。そのせいで常に周囲の反応をうかがうようになり、それが大人になるころにはパターンとして体に染みついていた。

私の感受性の強さを示す例をひとつ挙げよう。あるとき、友だちとおしゃべりをしていたときのこと。まずは友だちの近況について話が盛り上がったのだが、話題が私のことに移ると、友だちは「ちょっと確認したいことがあるの」と言って携帯電話を取り出した。それを見た私は「きっと私の話には興味がないんだわ」と思って、自分の話をやめ、話題を彼女のことに戻した。

このやりとりのせいで、私は「自分は注目に値しない人間だ」「誰も自分のことなんて気にしていない」というコア・ビリーフを強め、自分はとるに足りない存在だという自己認識をさらに強固なものにしてしまった。

この話を聞いて、友だちが携帯電話を取り出して、〝そこにいるのに話せない〟状態になったときに、なぜ私が自分の行動をそれに合わせる必要があると思い込んでしまったのか、おわかりいただけただろうか？　ただここで重要なのは、こうやって心を閉ざしたり、自分の光を消したりする以外にも、本当はいくらでもやりようがあるということだ。

実際私も、脊髄反射的に頭に浮かんだ結論に飛びつくのをやめ、自分の経験に耳を傾けることで、少しずつ変わっていくことができた。要は、自分の感覚や思考に興味を持つようになり、己を責めるのではなく、理解するために心を開いたのである。ぜひみなさんにも、自分自身を優しく見守ることの大切さを理解してほしい。さもないと、せっかくこれまでとは違う新しい理解を得たというのに、すぐに妄想の底なし沼に落ちてしまう自分にイライラしてしまいかねない（それによってさらなる学びがあったり、思いやりが深まったりすることもあるとはいえ）。

私はいまでは、こちらに何か問題があるという思いつきに飛びつくことなく、その時々の経験をじっくりと見つめて、何が自分にそう思わせるのかを観察できるようになった。今回の友だちとのおしゃべりでいえば、いまならきっとこう言うはずだ。「私の話も聞いてほしいけど、携帯電話を出されると気が散っちゃう。きっとあなたはいま、ほかのことが気になってるのよね？　だったら、その用事が終わってからじっくり話をしてもいい？」

もちろんこれは私の例であって、あなたがもし同じような状況におかれたとしても、相手との関係やこれまでの経験によって、言うことは変わってくるだろう。ただ大切なのは、自らイニシアチブをとることと、状況に対処するにあたって、感受性の声を指針として使うことだ。そうすれば、脊髄反射的な反応に飛びつくことなく、いったん距離をとることができる。するとほとんどの場合、うまく舵を切って友情を深めるという、最高の結果を引き出す道が見つかるはずだ。

妄想の底なし沼から抜け出す方法

では、ＨＦＡの感受性の強さにうまく対処する例を、もうひとつ挙げよう。例えば、友だちと話をしているときに、いつもはちゃんと聞いてくれるのに、今日は様子が違うと思ったとする。この状況に関する要素を箇条書きにしてみると、次のようになる。

・**感受性による反応：**友だちは私のことがきらい――私はしゃべりすぎていて、友だちはうんざりしている。口数の多い、でしゃばりだと思われているに違いない。

・**現実**：友だちは前の晩に飲み過ぎたせいで二日酔いだ。仲良しなのは変わりないが、いつもどおりにおしゃべりするような元気はない。
・**正解**：感受性による〝反応〟に飛びつかずに、感受性の〝声〟が実際に何を伝えようとしているのかに耳を傾けよう。自分を責めるのではなく、ただ友だちに「今日はどうしたの？」と尋ねてみればいい。

私たちは深い闇のなかで、底なし沼からはい上がるための力を手に入れて、希望の光のなかにふたたび舞い戻る。しかしもちろん、自分の感受性を利用するというのは、そう簡単なことではない。何事にも言えることだが、感受性を人生の一部にうまく組み込むにも、練習が必要なのだ。時には妄想の底なし沼に落ちてしまうこともあるだろう。そんなときは、自分自身をどう扱い、どんな言葉をかけるかに気を配ってほしい。そうした経験を成長につなげられるかは、そこにかかっているからだ。

この世に完璧な人間などいないのだということを忘れないように。あなたはこれまで長年にわたって自分に期待して生きてきた。だから、物事が予定通り進まなければ、何か自分に問題があるのではないかと思ってしまう。しかしそこで、妄想の底なし沼に落ちるか、それとも別の道を選ぶかはあなた次第なのだ。

こうした出来事を何度となく経験するうちに、気づかないうちに底なし沼に落ちていたという状況は減ってくるだろう。それこそが、あなたの成長の証だと言えるのだ。

成長をもたらすのは必ずしも〝行動〟だけとは限らない。状況を理解し、自分にいったい何が起きているのかを〝把握〟することによっても、あなたは成長できる。

それでも状況を読み損ねたり、古い反応に身を任せたせいで、底なし沼に落ちそうになることはあるだろう。だがそれも、成長のプロセスの一部だ。人生がつきつけてくる難題に苦しめられているなかでも、私たちは底なし沼の縁から一歩下がって、その支配から逃れたいという気持ちをしっかりと保ちつつ、苦境から立ち直り、成長の糧とする方向へと舵を切ることができる。複雑にからみあった絶望の糸のなかから、勇気を道しるべとして抜け出し、その先にある光を見つめてほしい。

さて、ではもうひとつ例を挙げよう。ある日、家に帰ってきた恋人がハグをしてくれなかったとする。するとあなたの脳はすぐにフル回転して、「私は何か悪いことをしたのかしら？　そういえば彼は最近口数がすくない。もう私のことなんて好きじゃないのかもしれない」と考えはじめる。

ここであなたはすでに妄想の底なし沼に向かって一歩を踏み出している。そして深みにはまればはまるほど、自分自身に語るためのストーリーが展開されていく。「私が自分の仕事について話すのが、彼はいやだったんだわ。もしフラれたら、実家に帰らなきゃいけない。やっぱり私はダメだ。もっと○○しなきゃいけなかったのに」

こんな風に考えた結果、あなたは自分の身を守るために恋人と距離を置いたり、場合によっては関係を絶ったりしてしまう。しかしお気づきだとは思うが、このストーリーは何の根拠もないでっちあげにすぎない。たしかにあなたはその鋭い感受性で、恋人の様子がおかしいことに気づきはした。だがそこで、「ねえ、今日はハグしてくれなかったよね？　どうかしたの？」と聞くことだってできたはずだ。だが実際には、染みついた古い行動パターンに逆戻りして、妄想をふくらませ、状況を悪化させてしまっている。

つまり、あなたは妄想の底なし沼に足を踏み入れてしまったのだ。とはいえ、それでも抜け出す方法はある。少し冷静になって、「ちょっと待って。別に私のせいじゃないかもしれない」と考えてみればいい。

感受性は、あなたを感情の渦に飲み込もうとしているのではなく、ただ異変が起きていることを知らせようとしているだけだ。だからあなたは自分が感じ取ったことを、シンプルに恋人に伝えればいい。

HFAと適切な境界線

フェンスが危険防止に役立つように、自分なりの境界線を定めることで、周りから必要以上の影響を受けずにすむ。ただし、境界線というのは他人に押しつけることはできないのを覚えておこう。境界線とは、身の回りで起きる出来事に、自分なりにどのように対応するかを規定するもので、自分の人生で何を許容して、何を許容しないかのラインのことだ。その際、他人よりも自分のことを優先するのは人として当たり前であり、それを自分勝手だと思う必要はない。

意識を変えよう。あなたの境界線を決められるのはあなただけだ。さらに、あなたが進化するたびに境界線も変わっていく。境界線はまるで筋肉のように、使えば使うほど、強く、強固なものになっていく。

私は以前、自分に合わないようなことでも、恐怖につき動かされて無理やり続けていた。だがいまは、必要に応じてそうしたことを切り捨てて、前に進む必要があるのを知っている。もちろん、時には「もし○○だったらどうしよう」という不安が頭をよぎることはある。だが、そのせいで物事に執着することはなくなった。

自分自身が何かに執着しそうになっているのに気づいたら、腰を据えて自分と向き合い、その理由を探ってみる。衝動に飛びつくのではなく、その奥にどのような理由があるのかをじっくりと探るようになったことで、私は以前よりもしっかりとした境界線を引けるようになった。

浮き沈みを繰り返す人生のなかで、しっかりと境界線を引くことで、自分をいたわり、意味のある人間関係を築くための強固な土台をつくれるようになる。

ステップ1でＨＦＡの行動の二面性の7つのタイプについて説明したとき、私は「サラ」というクライアントをケーススタディとして取りあげた。ここからは適切な境界線を引くための例として、同じくサラをモデルにして説明していきたいと思う。自分に特定の行動パターンがあることを自覚したうえで、それを変えるために境界線を引く方法を具体的に見てみよう。

ＨＦＡの行動タイプ1
なんでもできる人×責任感過剰な人

私のクライアントであるサラは、仕事量が多すぎることに苦しんでいた。だが、よくよく中身を見てみると、その多くは、彼女が「ノー」と言えないために引き受けてしまった、本来はほかの人がやるべき仕事だった。彼女は病気で休んでいる同僚の仕事を丸々引き受けてしまうことすらあり、そのせいですっかり疲れ果てていた。しかし本人は、〝なんでもできる人〟だと思われたかったし、周りの人を喜ばせたかったのだ。

●境界線

いまの例のなかに、「ノー」という言葉が出てくることに注目してほしい。不思議なことに、あまりにも多くの人が、この短い言葉を口にするのに強い抵抗を感じている。私たちは、自分のことは無視して、他人の気持ちだけを心配する傾向があり、能力のない人間だと思われたくない、誰かをがっかりさせたくないという思いから、しばしば「イエス」と言いがちだ。そして、すでに手いっぱいであるにもかかわらず、ただ〝できない人〟と思われたくないというだけで、引き受けるべきではない仕事を引き受けてしまう。

こういうときに私はよく、「普通、家の玄関を開けっぱなしにしたりはしないでしょう」と言う。そんなことをしたら誰彼かまわず家に入ってきてしまう。ではなぜみんな、自分の時間や空間については、こうも簡単に侵入を許してしまうのか？

「ノー」という言葉は、あなたの持つ最も強力な道具のひとつだ。この短い言葉は、それを口にするだけでしっかりとした境界線を引けるうえに、その状況に対して自分がどう思っているかを表現できる、とてもパワフルなツールなのである。

●境界線を引く

だからまずは日常のやりとりのなかで、「ノー」という言葉を使ってみよう。ここで重要なのは、自分の手に余ることや、そもそも自分がやるべきではないことを頼まれたときにだけ、「ノー」と言うことだ。最初は少し居心地悪く感じるかもしれないが、慣れてくれば頼みを断ることもうまくなっていく。時には罪悪感を覚えることもあるだろうが、それでも自分の気持ちを冷静に眺めつつ、そうした感情は〝流して〟しまおう。あなたならできるはずだ。

HFAの行動タイプ2
高い業績を挙げる人 ✕ 状況をコントロールしようとする人

サラは職場ではリーダーであり、高い業績を挙げる優秀な人だと思われていた。だがじつのところ、何かにつけて考えすぎるせいで、常に不安を抱え、健全なワークライフバランスを保つことができなくなっていた。周りからの期待に応えるために休みなく働きながら、起こりうるありとあらゆるシナリオを頭の中でシミュレーションし続けたせいで、日常生活にまで支障が出ていたのだ。

●境界線

仕事とプライベートのあいだにしっかりと境界線を引くことの大切さは世の中でよく言われているが、24時間常に要求が飛んでくるこのデジタル社会において、具体的にどうすればそれが実現できるのかはいまいちはっきりしない。

なお、〝仕事とプライベートの境界線〟の例としては、具体的には以下のようなものが挙げられる。

・仕事用のメールをチェックしたり電話に出たりする時間帯を決めておき、それ以外の時間には対応しない（それを自動返信や留守電のメッセージで、クライアントや同僚に知らせる）。
・労働時間の目安を決めて、できるかぎりそれを守る。
・毎週、余暇の時間をあらかじめ確保しておく。

●境界線を引く

もしあなたが考えすぎてしまうタイプなら、まずは自分自身とアポイントをとって（スケジュール帳にちゃんと予定を書き込むこと）、〝じっくり考えるための時間〟を確保しよう。そして、何かしらの問題が頭に浮かんできたら、「それはあとで（〝じっくり考えるための時間〟に）考えよう」と自分に言いきかせる。雑念がわくたびにそれを繰り返そう。そしてその時間がやってきたら、問題について10分間だけ（お好みで時間は変えてもいい）しっかりと考えて、それ以上はひきずらないようにする。

HFAの行動タイプ3
完璧主義者×ハードワーカー

サラは極めて理想が高いうえに、その基準をクリアできなかったときに自分を責める癖があった。私のセラピーにはじめてきたとき、彼女は、「このままでは良くないと思うので、この癖を直したいんです」と言った。

ＨＦＡに完璧主義がつきものなのは、完璧主義とは要するに他人に対して自分をどう見せるかということであり、しかもそれが周りの要望に合わせたものであるからだ。そしてステップ２で説明したとおり、そうした振る舞いは、私たちが子どものころに自分の身を守るために身につけたものである。だが、安全欲求を満たすために、一生、他人の反応を追いかけ続けるというのは、端的に言って不可能だ。それでは結局、周りからどう思われているかばかりを気にして、他人のために生きることになり、その過程で自分の本当の気持ちが、ますますわからなくなってしまうだろう。

●境界線

この場合の境界線は、あなたが自ら設定して、意識的に守っていく必要がある。完璧主義者はとても自分に厳しく、理想が高いうえに失敗を人に見せまいとする。結果として、人生のすべての要素をコントロールしなければと思い込んでしまう。だがそれは現実的には不可能であり、精神衛生上、長続きしない。よってここでは、自分を思いやるような境界線を引く必要がある。

人間誰しも、時には失敗もするし、自分の力ではどうにもならないこともある。まずはその事実を受け入れて、実際にそういうことが起きたときには、自分に優しくしよう。

自分ではどうしようもないことが起きたとき、あなたは自分自身にどのような言葉をかけているだろうか。その声に耳を傾けることが学びとなるのだ。

ここまで手持ちの道具を使ってベストを尽くしてきたあなたは、いま新たな道具を手にした。最初は慣れたものほどうまく使えないかもしれないが、それでもきっと役には立つはずだ。それにこうした道具は、できなかったことを後悔するかわりに、できたことをお祝いするのにも使える。グラスを満たすことにばかり気をとられるのではなく、すでに注がれている中身にも目を向けよう。

●境界線を引く

ＨＦＡの人は、常に不満を抱えており、何かと考えすぎの傾向がある。例えば、思ったとおりに昇進できていないとか、頑張ったのに誰かをがっかりさせてしまったとか、自分ならできると思って抱え込んでしまった仕事を片付ける時間がないとか。

あるいは、自分の外見に不満を持っている場合もあるかもしれない。人生がうまくいっているように見える人と比べて、自分はなんてダメなのかと思っていることも多いだろう。

そうした考え方は、いますぐやめよう！　自分を責めるのではなく、胸に手を当てて心臓の鼓動を感じながら、心の底から「大丈夫」といういたわりの言葉をかけるのだ。そしてここに至るまでに、自分が乗り越え、達成してきたことを振り返ってみよう。

たしかに昇進は逃したかもしれないが、候補に挙がるくらいの実力はあった。髪型はインスタグラムで人気者になれるほどきまっていなくても、笑顔は素晴らしい。

人生では常に予想外の出来事がこちらにやってくる。大切なのはそうしたときにどう反応するかだ。変化する状況は、蛇口から流れる水のようなもので、手でつかもうとしてもフラストレーションがたまるだけだ。いつも自分の思い通りにいくなどということはありえないのだから、時には無理をせず流してしまえばいい。

HFAの行動タイプ4 動じない人 × 過度な心配性

サラは一見すると成功者であり、うまく物事をこなしているように見えた。だが本人は、他人からどう思われるかばかりを心配して、頭の中で起こりうるシナリオを常にシミュレーションし続けているせいで、脳が〝常にオン〟なのだと訴える。ＨＦＡ持ちの例に漏れず、その心配の根っこには恐怖があり、不安にとりつかれたせいで頭の中では常に「もし○○だったらどうしよう」という疑問が渦巻いている状態だった。このままでは不安が雪玉のように大きくなっていき、最後には心が押しつぶされて、まともに考えることもできなくなってしまう危険性があった。

●境界線

この種の侵入思考から抜け出すのはなかなか困難で、場合によっては外部からの介入が必要なケースもある。ただ、考えが勝手に頭に浮かんでくるのをコントロールすることはできなくても、それを〝どれだけ気にするか〟はあなた次第だ。それに、自分の行動パターンを自覚して理解を深めていけば、自己破壊的な考え方が浮かんできたときにも、それを自覚しやすくなる。

ここでは「どんな考えが浮かんできても、気にしすぎないようにする」という境界線を引いてみよう。最初は難しいし、大変に思えるかもしれないが、練習すれば徐々にできるようになってくる。あなたはここまでにいくつも新しい考え方を身につけてきたのだから、ここでもきっとできるはずだ。

●境界線を引く

「ノー」という言葉を使うという点で、このやり方は「HFAの行動タイプ1」で紹介したものと似ている。ただ今回はそれを、ほかの誰かに対して言うのではなく、自分に言いきかせることになる。心の中で「ノー」と言い、それを本気で実践しよう。

まずは、〝ひらいた手を前に突き出す〟とか〝扉を閉める〟といった「ノー」を象徴するイメージを、しっくりくるまで繰り返し頭の中で思い描いてみよう。そして、不安がわいてきて、心配のループにおちいりそうになったら、そのイメージを使って「ノー」と言ってみて、どうなるか様子を見てみる。

私は仕事をするときは、アニメ映画の『インサイド・ヘッド』のような方法を使ってこの境界線を引くことが多い(この作品は印象深いシーンが多いので、まだ見ていない人はぜひご覧いただきたい)。この映画の主人公はさまざまな感情を経験するのだが、その個々の感情がそれぞれ別々の人格を持ったキャラクターとして登場する。その〝感情の1人〟が、常に起こりうる最悪のシナリオについて考えている「ビビリ」だ。

あなたもこの映画のように、自分の恐怖をキャラクターにしてみてはどうだろう？　そしてそのキャラが姿を現したら、思いやりを持って、「何も心配いらないよ」と諭してあげる。この方法は感情を落ち着かせて、自分をコントロールするのに有効だ。心の中に混ざりあっている状態よりも、別の人格を与えたほうが、その中身をよく観察して対処しやすくなるからだ。

感情との会話を紙に書き出してもいい。２つの欄を設けて、ひとつには恐怖の声を、もうひとつには思いやりの声を書く。そうして自分の中にいる２人のキャラクター同士を会話させてみよう。

HFAの行動タイプ5　成功者×怖がり屋

サラは何かがうまくいかないと自分を責めて、失敗だと思う出来事をすべて頭の中のファイルに記憶する。それを折に触れて取り出しては、まるで傷のついた宝石のように眺めながら自分に対する怒りを再燃させ、「あのとき○○すればよかった。そうしたら、状況を変えられたかもしれなかったのに」と、とっくに過ぎたはずのことを延々と考え続けるのだ。

あなたの頭の中にも、もしかしたらこのようなファイルがあるのかもしれない。そこには、自分がダメな人間である証拠がすべて書かれていて、あなたは暇さえあれば、棚からそのファイルを取り出して熟読している。なんと生きづらいことか！　こんな〝心理的拷問〟は、ほかの人にはとてもできないはずだ。だが、自分に対しては平気でそれをやってのける。そして、そんな拷問を許容するということは、ほかの人から同じような扱いを受けても、それを許してしまうことにもなりかねない。

ステップ１で説明したとおり、「失敗を怖がる」という行動パターンは、私たちが自分の身を守ろうとして身につけたものだ。たしかに失敗すれば恥ずかしいし、怒ったり、動揺したり、自分自身にイライラしたりすることもあるだろう。だが、人生に失敗はつきものであり、それは学びのチャンスでもある。もし失敗したときに、何かが達成できなかったという事実や、それについて他人がどう思うかということばかりに気をとられていると、また失敗するのではないかという不安から新しいことに挑戦しなくなってしまうかもしれない。これこそまさに、失敗に足をひっぱられている状態だ。絶対に失敗するまいとして、神経質にソロソロと足を踏み出しつつ、頭の中は「もしも○○だったらどうしよう」という気持ちでいっぱい。そんな生き方はナンセンスだ。何が起きても、自分ならきっと乗り越えることができる。あなたはそう思えるようにならなければならない。

●境界線

これまでに何度も述べたが、新しいことに挑戦しなかったり、やるべきことを先延ばしにしたり、何が何でも成功にこだわったりというのは、すべて恐怖に駆り立てられることで生まれた、間違った境界線だ。私たちが失敗を恐れるのは、失敗したという気持ちによって、〝自分はダメな人間である〟というコア・ビリーフが強固なものになってしまうからだ。だからなんとしてでも避けようとする。だが、私たちはその間違った境界線の内部にとどまるのではなく、それを越えていかなければならない。

次にあなたの心が、「失敗するかもしれないし、もしそうなったら最悪だから、○○するのはやめておこう」とか、「絶対に成功しなければダメだ。だから何を犠牲にしてでも、これをやりとげよう」とささやくときがきたら、意識的に立ち止まって一呼吸置き、冷静になってみよう。こうした心の声は、恐怖による境界線の内側からやってきたものであることがわかるはずだ。こういうときは、前に紹介した恐怖をキャラクター化するという方法を使って、対処しやすくするのがいいだろう。

どんな状況であろうと、ハンドルを握っているのはあなたであることを思い出そう。恐怖はあくまで同乗者にすぎず、車の行き先を決めることはできない。一歩下がって、余裕を持って物事を眺めてみよう。

もし友だちが同じような決断をしようとしていたら、あなたはどんなアドバイスをするだろうか？　これは、恐怖におびえて体を縮こまらせるのではなく、自分を信じて、心を開いて前に進むための訓練でもあるのだ。

●境界線を引く

ずっとやってみたいと思っているのに、怖くてためらっていることはないだろうか？　あるいは、どうしてもやりとげたいのに、まだ達成できていないことは？　そうしたことに、すぐに手をつけてみよう。もし失敗したとしても、わきおこる感情を受け止めつつ、そういうときに自分自身にどのような声をかけているかを観察しよう。自分を責めたり、卑下したりしていないだろうか？

ここでも、失敗したのが自分ではなく友だちだったらと想像してみよう。そのとき、あなたは彼らにどのように対応するだろうか？　きっと優しく接するだろう。

だから自分に対しても同じように接してあげよう。これは恐怖に慣れるための練習だ。あなたはもう恐怖におびえる必要も、そこから逃げ出す必要もない。何かに失敗したときに、自分を責めるのではなく、自分を信じる。そうすれば失敗を乗り越え、健全な方法で自分をなぐさめることができるようになる。

HFAの行動タイプ6
適切な境界線を引ける人 × 失望させる人

サラは、ほかの人をがっかりさせたくないと思うあまり、うまく境界線を引いて自分の時間やプライバシーを確保することができていなかった。周りの期待に応えたいという一心で、自らの気持ちをかえりみず、常に〝手が空いている〟とアピールしていた。彼女は私とのカウンセリングを重ねるなかで、その事実に気づいたのだった。

もちろん、〝周りをがっかりさせたくない〟というのは、人として当たり前の感情ではある。だがそのために、やりたくないことをやり、私生活に支障をきたすようであれば、今度は〝自分をがっかりさせる〟ことになる。

周りの人が自分のことをどう思うかをコントロールすることはできない。しっかりと境界線を引いて、自分の時間やエネルギーをどの程度周りの人のために使うかを決めておくのは、自分勝手でもなんでもない。むしろそれは、自分に誠実であることを意味するのだ。

●境界線

このようなケースでは、「自分は何のためにこの行動をとろうとしているのだろう？」と自問するだけで、境界線がはっきりしてくることがほとんどだ。もし、周りからどう思われるかを気にして、期待に応えようとしているだけだとわかれば、やるべきことは決まっている。しっかりと線を引いて、「それはできません」と言えばいい。なぜならその行動はそもそもやる必要のないものだからだ。その際、相手をがっかりさせてしまったと思って、罪悪感を覚えることもあるかもしれないが、それはやむをえない。自分に思いやりを持ち、さらにここで紹介するツールを使えば、そうした感情は十分に乗り越えることができる。

どの程度、時間やエネルギーを他人のために割くかを自分で決められるのが、本物の人生だ。しかしＨＦＡの人はリソースを他人のために使いすぎて、自分の分がほとんど残らないということになりがちだ。このパターンにおちいると、結局は仕事や人間関係に支障が出る。

いまこそ、自分を取り戻すときだ。自らの財産である時間とエネルギーを、あなたはどう使うつもりなのか？　何かに対して「イエス」と言うときは、その目的を吟味したうえで、自分への思いやりを持って決断しよう。そうすれば、それ自体が学びのプロセスになる。

●境界線を引く

スケジュール帳を取り出して、これから数日、数週間、数カ月の予定を確認してみてほしい。そのなかに自分からやりたいと思って「イエス」と答えて引き受けたものは、どれくらいあるだろうか？（逆に、例えば仕事上の約束などで、〝やらなければならない〟から引き受けたものは？）。

そしていま、それぞれの「イエス」を目の前にして、どのような気持ちがわいてくるだろうか？

次にやはりここでも、もしこの予定をこなすのが自分の友だちだったらどうだろうかと、考えてみてほしい。きっと、もっと違ったやり方をすべきだとか、ここをこういう風に変えたらどうかなどと、アドバイスをするのではないだろうか？　何か、変えるべきことは見つかるだろうか？

あるいは、日記をつけるのもいい方法だ。1日のなかで、自分がやりたかったからではなく、誰かにいやな思いをさせたくないという理由でやったことがあったら（例えば、仕事や読書に集中したいのに、途中で会話につきあってあげたなど）、それを書きとめておく。そして、自分の時間やエネルギーを大切にするための適切な境界線を引けるかどうかを考えてみる。

HFAの行動タイプ7

なんでもやりとげる人 × やりすぎる人

サラは職場では高く評価されていて、基本的に何でもこなしてしまう人だと思われている。しかし、そうした高評価は、本人の幸せとメンタルを犠牲にして成り立っている。長年にわたって、時間的にギリギリの仕事を引き受け続けてきたせいで、休みはとれず、恋愛をする暇などなかった。それどころか、自分自身と向き合う時間もなければ、いま追いかけている目標が自分の意思で選んだものなのか、あるいは他人の期待に応えるためのものなのかすら、わからなくなっていた。彼女はひたすら忙しく動き回ることで、〝自分はダメな人間だ〟という自己嫌悪から目をそらしていたのだった。

●境界線

人生では時折、両親や会社、友だちなどから、役割や期待を押しつけられているように感じることがある。特に、何かしらの目的を達成しようとしていたり、かっちりと決まったライフスタイルで生きているときにそうなりがちだ。もしその目的があなたが心から望むものなら、全力でそれを追求するのは良いことだろう。だがそれでも折を見て、自分と向き合う時間をつくるべきだ。また家族や友だちと過ごす時間をとったり、恋愛したければそこに時間を割いたほうがいい。

あなたは普段から、周りの人の様子を気にかけているはずだ。同じように自分自身を気にかけるための時間も、しっかりととろう。私はそうした時間を、〝立ち止まりの時間〟と呼んでいる。

HFAを持っていると、自分自身のニーズに応えることをついつい忘れてしまいがちだ——特に周りから期待されている場合、目標を達成するために私生活を犠牲にしてでも全力を尽くしてしまう傾向がある。前にも述べたが、こうしたやり方が問題なのは、目標を達成して瞬間的に〝ハイ〟になったとしても、それはその場しのぎにすぎず、根本的に自分の価値に疑問を抱いている状態は変わらないからだ。

何かを達成しようとやっきになっているときに、〝立ち止まる〟のは心地のいいものではない。なぜなら、これまで自分が何を好み、何を嫌うかということにまるで目を向けてこなかったあなたは、自分が何者で、何を望んでいるかがまるでわからないからだ。言い換えれば、自分の本当の気持ちに向き合うよりも、ハムスターが滑車を回すように目の前のその場しのぎの目標を追い続けるほうが、よほど楽だったのだ。そのため、あなたは行き詰まりを感じつつも、あえて滑車の中にとどまってきたのである。

●境界線を引く

まずはスケジュール帳に〝立ち止まりの時間〟を確保する。そしてその時間を使って、以下の質問について考えてみよう（質問の文言は自分に合うように調節してもかまわない）。

【パート1】

・現在、仕事やその他の〝やらなければならないこと〟以外で、自分のために何かをする時間が十分にとれていますか？　もしそうでないとしたら、それはなぜですか？　その状態を変えるために何ができますか？

・目の前の目標を追いかけているのは、自分が価値ある人間だと思いたいからではありませんか？

・今週、何か誇りに思えるようなことはありましたか？　それをなぜ誇りに思うかも、教えてください。

・いま、自分に足りないものが何かありますか？

・現時点でのワークライフバランスは、どうなっていると思いますか？

・今週、あなたは自分自身のために何かしましたか？

上記の質問に答えたうえで、普段どのように過ごしているか、振り返ってみるのもいいだろう。例えばタイマーを10分間にセットして、その日どんな気持ちだったかを考えてみる。先入観を捨てて、好奇心を持ってやってみよう。どのようなことが意識に浮かび上がってくるだろう？　そしていま、それを振り返ってみて、どんな気分になるだろうか？

【パート2】

次に、1週間でも1カ月でも期間は好きに決めていいので、日記をつけて、毎日どのように時間を使っているかを記録しよう。友だちと過ごす時間はどのくらいあるだろうか？　睡眠時間は？　好きなことはやれているか？　運動は？　仕事は？

仕事の時間だけでなく、自分のための時間も確保できていなければ、ワークライフバランスがとれているとはいえない。あなたがもし、長時間労働が求められる業界で働いていたとしても、自分のための時間はとろうと思えばとれるはずだ。

そして最後に、パート1とパート2で得た洞察を生かして、決断を下そう――いまやっていることに、あなたはこれから、毎週（毎月）どれくらいの時間を使いたいと思っているのか？　現状はどうなのか？　自分なりの境界線を定めて、できるかぎり時間の使い方を調整しよう。新しく、自分のための人生をスタートさせるのだ。

境界線を引くのは、最初は自分勝手できまりの悪いことに思えるかもしれない。結局のところそれは、他人よりも自分の感情を優先させるということだから。だが、この選択に後ろめたさを感じる必要はまったくない。その大切さがわかれば、最後にはちゃんとそう思えるはずだ。

当たり前だが、あなたの人生はあなたのものだ。ただ気持ちを安定させたいがために、他人からの承認を求めて汲々としていれば、それだけ自分の中にある思いやりや愛、すべてを受け入れる心を探すための時間が減ることになる。

恐怖の思考に対するリフレーミング

思考、あるいは認識の再構成《リフレーミング》という概念については、ここまでにすでに何度か触れてきた。だがそれは、言葉にするのは簡単だが、実行するのは難しい。リフレーミングを行うには、状況に対する解釈を変え、異なる視点から物事を見なければならない。さらに、当初抱いていた感情の出どころをつきとめなければ、効果的なリフレーミングはできない。

では、認識のリフレーミングの具体例をひとつ挙げよう。

ここに、1組の夫婦がいるとする。彼らは共働きで、充実した生活を送っており、仕事とプライベートのバランスもとれている。だが、夫が手術を受けることになり、その後の合併症によって長期間仕事を休まなければならなくなった。そのため、生活の負担が妻にのしかかることになった。妻は外での働きに加え、家にいなければいけない時間が増え、こなすべき雑用も多くなったうえに、イライラする夫をなだめる必要もあった。

すると今度は妻のほうが、こうした負担を一手に引き受けているのに感謝されていないと不満をつのらせ、以前はうまくいっていたワークライフバランスが崩れたと嘆きはじめる。お互いにイライラして、会話が減っていく。相手を思いやることもなくなり、２人の関係は、憤りと口に出せない不満で埋め尽くされていく。ここまでくると、まともにコミュニケーションがとれないため、ささいなすれ違いで関係が崩壊しかねない。

ここにＨＦＡの要素が加わると、さらにやっかいなことになる。もしも夫が子どものころ、腹を立てると口をきかなくなる親に育てられていたとしたらどうだろう？　いま、妻から同じような扱いを受けていることが、彼にとってどれほどの苦痛だろうか。ＨＦＡを持つ夫は、幼少期の経験から、自分の感情的な欲求を満たすには他人を喜ばせなければならないと思い込んでいるわけだが、いまはどうやってもパートナーを喜ばせることができない状況におちいっているのだ。

さらに妻のほうも、子どものころしょっちゅう両親に裏切られたために、人を信じられないとしたら？　彼女はそのせいで、自分のことはすべて自らなんとかしなければいけないと思い込んでいる。そしていま、ようやく心を開いて関係を築ける相手が見つかったと思ったのに、ふたたびその信頼を裏切られてしまったのだ。

こうして、お互いに悪気はなくても、ＨＦＡのせいで関係が壊れてしまう。彼らが目の前の状況をリフレーミングして、ＨＦＡの有害な行動パターンから抜け出すには、お互いのことを理解するしかない。やはりこのケースでもまた、すべては、幼少期の体験が大人になってからの行動パターンに与える影響に端を発している。

それでは、認識のリフレーミングの例をもうひとつ挙げよう。新型コロナウイルスのパンデミックによって社会全体が苦難に直面し、繰り返されるロックダウンのせいで多くの人が孤独感にさいなまれることになった。だが以下のように認識をリフレーミングすれば、ロックダウンに対するネガティブな考え方を、ポジティブな方向に変えることができる。

認識のリフレーミング

・「友だちと会えない」
　⇩
　「お互いに相手の健康を気にかけている」
・「家に閉じ込められている」
　⇩
　「家にいれば安全」
・「まったく自由がなくなってしまった」
　⇩
　「大きな目的のために、いまはあえて我慢する」
・「好きなことができなくてつらい」
　⇩
　「こういうときこそ、好きなことのありがたみがわかる」

感情の爆発をコントロールする

長いあいだ押し殺してきた人格の一部が、ついに意識の表面に浮かび上がってきたとき、荒っぽくてアンバランスな、制御不能の〝爆発〟になってしまうことがある。

例えば、これまであなたが他人の都合を優先して自分のニーズを後回しにしてきたのなら、今度は急に、そのまったく逆に振りきれてしまう可能性がある。つまり、何をするにも一切の譲歩をしなくなり、自己主張を強引につきとおし、やりたい放題しはじめるかもしれない。誰かがあなたの邪魔をしたり、思ったような態度を示さなかったりすると、怒りや憤りを持って応じるようになるかもしれないのだ。「今度はこっちの番だ」と言わんばかりに。

自己肯定感も大きく変化し、それが周りの人にも影響を与える。あなたは自分が周りに合わせるのではなく、周りが自分に合わせるように要求するようになり、摩擦を引き起こすかもしれない。

これまであなたの色は〝青〟だと思ってきた周囲の人は、それを前提にして接してきた。だが、突然〝黄色〟として現れたあなたは、これまでとはまったく違う振る舞いをはじめた。周りの人ははじめはその変化に気づかず、あなたを青色として扱う。あなたはそのことに憤り、居心地の悪さを感じ、自分の色を出せていないと考える。これは、どちらが悪いというわけではない。新しい自分に生まれ変わったときには、感情を爆発させるのではなく、周りとのコミュニケーションをとる必要がある、というだけの話だ。

クライアントとのカウンセリングを通して、こうした混乱がさらに自身への理解を深めるための学びをもたらし、最終的には自己成長につながるケースを多数見てきた。だから、ここで周りの人との軋轢を避けたり雰囲気を壊さないようにするために、自分の内なる欲求や願望を抑えこむのはやめよう。いまこそ心の声に耳を傾けて、それを尊重し、居場所を確保して、本当の自分に目覚めるときなのだから。

自分の居場所をつくり、誰かに愛されて、十分に幸せを味わう。あなたにはその価値がある。

周りの人は、これまでとは違う振る舞いをするようになったあなたにとまどい、拒否反応を示すかもしれない。だが、それは避けては通れないことだ。あなたはその居心地の悪さと正面から向き合い、乗り越える必要がある。

ちなみに私の大学での研究テーマは、「自己認識の深まりがどのように対人関係に影響するか」だった。私がこのテーマに惹かれたのは、自分自身このような変化——友だちづきあいや自分自身の振る舞いの変化――を経験していたからだ。私は自己認識を深めたことで、それまでの友だちの輪のなかで孤立して、なじめなくなってしまったと感じていた。また、同じようなことがクライアントにも起きたケースをいくつも見てきた。人は自分自身の価値に気づき、本当の欲求を取り戻しはじめると、周りにいる人たちとの関係に疑問を抱くようになる。

ただ、このマグマが渦巻いているような段階を過ぎると、新しい自己主張のエネルギーをより賢く、巧みに使う方法がわかってくる。新しく得た知識を人生に応用して、自分の意見をどんな形で表明すべきかを学びはじめるのだ。もちろん、人生のなかで出会う相手はみなそれぞれ違う人間なので、この学びは1回で終わるものではない。ただ、つまるところ相手の反応をコントロールしようとするよりも、風に身を任せるように、自分の心の自然な動きに従うのがコツだということを、あなたはいずれ悟るだろう。

この変化は簡単なものではない。これまで古い行動パターンをベースにして価値観を積み上げて、なんとか身の安全を確保してきた場合には特にそうだろう。ただ、こうした混乱が最初は恐れや不安を引き起こすとしても、いずれはそれがポジティブな変化につながるのだということを忘れないように。これはいわば〝夜明け前の暗闇〟のようなものだ。あなたはいずれ、「他人からどう思われるか」などということとは無関係に自尊心を高める方法があることを知り、いままで追求してこなかった新しいスキルや能力の磨き方に開眼するはずだ。

自己認識が悲しみと喪失感を明らかにする

自己認識が深まると、これまで自分が他人にどのような扱いを許してきたかがわかってくる。要は、自分をとりまく〝人間関係の力学〟が見えてくるわけだが、これは目から鱗が落ちるような驚きであるとともに、かなりの苦痛を伴う。あなたは、ある種の危険信号を見逃していた過去の自分の〝鈍さ〟にイライラするかもしれない。ただ、当時は自分の欲求や視点がいまとは違っていたことを忘れてはならない。

心が癒やされ、自己認識が進むにつれて、他人からの承認を求めていたことが、いままで特定の行動を許容してきた大きな理由であることに気づきはじめる。そしてさらに前に進んでいくと、自らの手で承認欲求を満たす方法を学び、自分自身をこれまで以上に大切にするようになる。ここまでくれば、新たに確立した自尊心のおかげで、もはや自分の役に立たなくなった古い行動パターンや振る舞いを、自然としなくなっていく。

ただしこの旅の道のりは、つらく厳しいものになるかもしれない。しかし同時に、その先に待ち受ける可能性への期待も感じるはずだ。いまの自分には合わなくなった関係を清算し、新しい健全なつながりをつくるためのスペースを確保する。友だちのなかには、私たちとともに進化して、成長を支え合える人もいるだろう。一方で、自然と疎遠になっていく人たちもいるはずだ。

こうしたプロセスの過程で、もしかしたら自分勝手なことをしているのではないかという気持ちになるのは、しごくまっとうなことだ。これまでの友だちとのつきあいよりも、自分の幸せと成長を優先するのだから。しかし、自分を大切にして適切な境界線を引くのは、〝自己肯定〟であって〝自分勝手〟ではない。これはちゃんと心に刻んでおこう。私たちはこの旅を通じて、自分に敬意を払い、健全な人間関係を築き、充実した本当の人生を送る方法を学ぶのだから。

ケーススタディ

私の元クライアントにマイアという女性がいる。本人いわく、彼女は何をするにも母親のいいなりだった――普段の振る舞いや服装のみならず、恋人や結婚相手の選び方まで。だがそれを続けた結果、耐えられなくなって精神的に参ってしまった。人間関係はうまくいかず、心の中には言葉にならない声や意見が眠っていたが、それに気づいていなかった。また、自分を影の部分に閉じ込めておくようなタイプの男性に惹かれる傾向があったが、これは母親とまったく同じだった。要は、気持ちを押し殺して生きてきたせいで、〝本当の自分〟がわからなくなっていたのだ。

そのうちに仕事をやめざるをえなくなったマイアは、気分が落ち込み、不安定になっていた。だが、そこでセラピーを受けたことで、自らの行動パターンを観察して、これまでの人生を振り返る時間をもつことができた。それにより徐々に自分を守るための境界線を引き、罪悪感を覚えたり自己嫌悪におちいったりすることなく「ノー」が言えるようになる。ただし、この変化は容易なものではなかった。つきあっていた恋人とは価値観のズレから別れることになり、違う街に引っ越して、新しい仕事を探すことになったのだ。

マイアは、自分がこれまで母親を喜ばせるために生きてきたことに気づき、そこから抜け出した。彼女が人生を切り開いていくのを目の当たりにできたことは、私にとっても素晴らしい経験だったし、成長するための場所を提供できたのもうれしかった。この変化を通じて、マイアは新たなアイデンティティと価値観を獲得し、自分らしい生活を送れるようになった。自分という存在の大切さを知り、その自覚にもとづいて生きていけるようになったのだ。

抑圧された感情の地層

人生に起きる出来事を深く掘り下げていくと、その下には抑圧された感情や欲望が埋まっているのがわかる。これまで押し殺してきた感情に気づきはじめたばかりのときは、意に沿わないことに対して「ノー」という意思表示をすることに、強い抵抗を感じるかもしれない。私のクライアントのなかにも、「でも、私の子ども時代は素晴らしかったし、両親は望むものをすべて与えてくれました」と言う人がよくいる。そのような場合、じっくりと話を聞き、そこからさらに内容を掘り下げていく。するとそこに、抑圧された感情の地層が見えてくる。

チョコレートで周りをコーティングしたスポンジケーキを思い浮かべてほしい。見た目は美しくて、すごくおいしそうだ。横に並んでいるのもすべてチョコレートケーキなので、もちろんこれも普通のチョコレートケーキだとあなたは思う。しかし、フォークを手に取って食べはじめると、チョコレートなのは外側だけであるのに気づく。

このケーキの中は、バニラとピーナッツバターとラズベリーの層になっていた。チョコレートのコーティングがすべてを覆い隠していたのだ。しかも生焼けの部分も残っていた。だが、表面のチョコのコーティングが完璧だったので、外からはまったく見えなかった。

それぞれの層をはがしていくたびに、このケーキの知らない面が見えてくる。そして、フォークが皿に到達するころには、このケーキがはじめに思っていたのとはまったく違う、はるかに複雑なものだったことがわかる。隠された層を掘り進むことで、あなたははじめて、ごちゃごちゃした不完全な部分も含めた、このケーキの真の姿を明らかにすることができたのだ。

このケーキを食べるのと同じように自分の心の奥に潜っていけば、隠された、手つかずのまま眠っている部分が見つかるだろう。あなたはそうした部分に栄養を与えて、成長させることができる。

例えば内気な人なら、自分の中に思いがけない自信を発見するかもしれない。人の顔色をうかがってばかりの人なら、その安定志向を違う方向に向けるような新たな価値観や願望を見つけられるかもしれない。感情に振り回されてきた人なら、一歩下がって、冷静に物事を見られるようになるかもしれない。要はこの作業は、自己認識を深め、新しい人生のあり方を模索する機会を与えてくれるのである。

〝立ち止まる〟ことの力

せわしない日々のなかでは、立ち止まって考えたり計画を立てたりすることは、無意味で限られた時間をムダにする行為のように思えるかもしれない。だがじつは、長期的な視点の獲得や戦略にもとづいた意思決定、創造性の育成、ストレスの軽減、将来の目標設定など、〝立ち止まって〟考えることには、いくら強調しても足りないくらいのメリットがある。

あえて〝立ち止まる〟時間を普段のルーティンに組み込むことで、より具体的で、自分の意思に即した長期的な成功を見据えながら、課題を乗り越えていけるようになる。

私たちは何かに行き詰まると、しばしば同じようなアイデアや似たような選択肢を検討することが多いが、本当はそんなことをしてもほとんど意味はない。そのかわりに、そこで一歩引いて俯瞰で物事を見ることで、普段とは別の精神回路が開き、ふ化の期間《インキュベーションピリオド》と呼ばれる、心が無意識のうちに目の前の問題の創造的な解決法を発見するプロセスを経験できる。科学者たちはこれを「有益な忘却」とも呼んでいる。私たちはこのプロセスを通じて、考え方を変え、役に立たない思考のループを断ち切り、その時々で求められる新しいユニークな解決策を見つけることができるのだ。

ＨＦＡの行動タイプ７のところでは、境界線を引くために、タイマーをセットして自分自身の考えや感覚に耳をすませるという方法を紹介した。このやり方はここでも使える。さらに、〝立ち止まり〟の時間のなかで何度か深呼吸をして脳に酸素を取り入れて、実行機能領域を活発化させよう。

修士号を取ろうとしていたとき、私は３つの仕事を掛け持ちしていて、常に忙しく動き回っていたのだが、いま振り返ると、よくあんなことができたものだと思う。当時、立ち止まる時間を一切とらなかったのは、自分がストレスで疲れきっていることから目を背けたかったからだろう。完全にセルフケアを怠っていた私は、そのせいでさらに泥沼にはまっていった。

ただ修士課程には毎週セラピーのセッションがあったため、期せずしてそれが立ち止まりの時間となった。セラピールームに入るまでは、私の頭の中は「やるべきこと」でいっぱいだったが、セラピー中は自分自身のことにだけ焦点を当てて、集中せざるをえない。もし違うことを考えていれば、セラピストに気づかれてしまうからだ。セラピーはおおいに効果があった。ここで、立ち止まることの力を知った私は、呼吸法や瞑想をはじめとする精神統一法に興味を持つようになり、結果的にそれは自分の心身の健康を保つうえで欠かせないものになった。

ここで重要なのは、〝立ち止まり方〟は人によって違うということだ。瞑想が合っている人もいれば、ただお茶を飲んだり、電子機器を持たずに外出して自然の音に耳を傾けたりするだけで十分だという人もいるだろう。あなたの立ち止まり方がどんなものであれ、とにかくそれを生活の一部として組み込むことが大切だ。

ステップ4まとめ

ついにステップ4も終わりまできた。ここで少し、これまでの道のりを振り返ってみよう。

それぞれのステップでの学びによって、どんな変化があっただろう？　スタート地点から、どれくらい遠くまでくることができただろうか？　きっと内容のつまった、しんどい道のりだったはずだ。ここまでよく頑張った！

あなたはすでに、深い部分から変わりつつある。なかには、あまりにも変化が大きすぎて、すべてがバラバラになってしまったと感じている人もいるかもしれないが、それは蝶がさなぎから羽化しようとしているのと同じだ。いまこそ、自分の生い立ちや信条、これまでの人生で周りから言われてきたことや、〝あるべき姿〟だと思い込んでいるものを疑うべきときだ。あなたはすでに、周りを気にせず、自分のことに正面から向き合えるようになっている。

かの偉大な精神分析医であるカール・ユングはかつて、「意味さえあれば、ほとんどのことに――いや、おそらくはどんなことであっても――耐えられる」と言った。あなたはいま、人生に自ら意味を見いだし、あるがままの自分を受け入れている。これはとてつもなく大きな変化だ。

ここで重要なのは、心の持ち方が変わると感性が鋭くなって主体的になるため、それにつれて価値観も変化するということだ。そして価値観が変われば、以前とは違った形で人生の選択をするようになる。要は、これまでとは違う方向に進んでいくということだ。発する雰囲気も変わり、引き寄せる人も変わってくる。

こうした変化を無視することなどできはしない。すでにその変化は、あなたの部屋の扉をノックしている。聞こえないふりをしてもムダだ。その声に応えよう。ただ、実際に扉を開けて、その変化を部屋の中に招き入れるかどうかは、あなた次第だ。

さて、最後となるステップ5に進む心の準備はいいだろうか？

STEP 5 自分への思いやりを解放する

イントロダクションでこの本を書くに至った経緯を説明したとき、私は読者に、ほかの人の承認がなくても自分には価値があると思ってほしいし、自分自身の考え方に足をひっぱられなくてすむようになってほしいと述べた。人は変われること、そしてその変化は内側から起こることを知ってほしかったからだ。そしてそれに続いて、自分の可能性を狭めるような行動パターンや考え方から抜け出すためステップを紹介してきた。

ここまでたどり着くのは大変だったと思う。あなたは、正直に自分の恐怖と向き合い、過去を深く掘り下げ、わき出てくる感情に対処しつつ、ここまで進んできたはずだ。そしてついにこのステップ5――自分に対する思いやりを学ぶステップ――まで到達した。そんなことのために丸々1章を費やすのかって？　そのとおりだ。日々、自分自身をどう扱って、自分にどう向き合うかというのは、とても大切なことだ。どうしたら人からよく思われるかばかりを考えて、自分をなおざりにするのはもう終わりにしよう。

このステップは、大地に根を張った樹木のように、地に足の着いた人生を送るのに役立つ。自分への思いやりこそが、その〝根〟にあたるからだ。だからそれを伸ばしていこう。ただ、私がクライアントに「ほかの人に話しかけるときと同じように、自分自身にも気を使って語りかけていますか？」と聞くと、ほとんどの場合、そんなことはありえないという答えが返ってくる。

ではなぜ私たちは、こうも自分をぞんざいに扱うのだろうか？　ほかの人には気前よくパンをあげるのに、自分はパンの耳で我慢しているのはなぜなのか？　自分にだっておいしいところを食べる資格はあるはずなのに。要するにこういうことだ。私たちは自己肯定感を基準にして、自分に何を与えるかを決めているのである。

人はそれぞれ違った道を歩んでいて、この道はあなたのためのものだ。「他人のためにすべてを捧げて、自分には何も与えない」、などということはできやしない。

心が庭だとするなら、思考は種だ。あなたは自分の庭に植える種を選ぶことができる。恐怖や羞恥心ではなく、前向きで、愛にあふれた、豊かな種を植えることができるのだ。自分の時間を、他人の庭の手入れに費やそうが、あるいは自分の庭を美しくするのに使って、素晴らしい人たちが自然と集まってくるようにしようが、それはあなたの自由だ。

何の種をまき、どのような庭をつくっていくつもりなのか、自分に問いかけてみよう。

自分なりの生きるうえでの規範を書き出す

人生の旅とは、思いやりを持って自分を愛し、ありのままの自分自身を受け入れることであり、人はそれぞれ独自の倫理観と〝生きるうえでの規範〟を持っている、と私は信じている。そして、この規範を尊重するには、なぜそれが私たちにとって重要なのかを知る必要がある。だがそれにはまず、自分自身のことを本当の意味で理解しなければならない。本書を通じてこなしてきた課題が、少しでもその助けになれば幸いだ。

ちなみにそうした規範をどこから持ってくるかは、人によって大きく異なる。例えば、ストア派哲学の信奉者であれば、古代ギリシャで生まれたこの哲学を人生の青写真として用いている。だが私がこれからステップ5ですすめる方法は、それぞれの人生経験にもとづいた、自分だけの規範を書くことだ。本書で学んだことはすべて、自分自身を深く理解し、自分独自の知恵を蓄えて、本当の意味で自分らしく生きるための方法を見つけるのに役立つはずだ。

自分自身を愛すれば、人生により良いものを引き寄せられるようになる。なぜなら自分を大切に扱うというのは、その大切な自分に何がふさわしいのかを、この世界に知らせることでもあるからだ。

すべては、自己認識からはじまる。だからこそあなたは、自分はかけがえのない特別な存在であり、最高のものこそが自分にふさわしいと思うべきだ。

人生を豊かにするための12の力

ステップ3では、恐怖と自己否定に対処するためのツールを準備した。そしてここでは、己に対する理解を深めることで、自分を思いやり、肯定し、喜びを手に入れるための12の力を紹介しよう。ただし、あなたに合うものもあれば、合わないものもあることを、あらかじめおことわりしておく。

あなたの人生を豊かにする方法は、あなた自身が切り開く必要があることを、肝に銘じてほしい。

第1の力

マインドフルネスの実践

マインドフルネスとは、〝いまこの瞬間〟に全神経を集中することだ。いまという時間のなかにこそ、あなたの人生を形づくる力がある。いまという瞬間が持つ美しさや深遠さを抱きしめよう。人生の本当の喜びや、人間としての成長、ほかの人とのつながりはすべて、いまという時間のなかにある。

研究によるとマインドフルネスには、ストレスを軽減し、注意力や集中力を高め、心身の健康を増進し、幸福度を向上させる効果があるとされている。マインドフルネスによって余計な思考を止めれば、完璧主義から抜け出し、自分の本当の気持ちに気づくための時間を確保することもできる。だが、なぜこのような効果があるのだろうか？

じつのところマインドフルネスは、人によって異なる形で作用するようだ。人にはそれぞれ個性があるように、マインドフルネスの実践方法も人によって違う。必ずしも自然のなかでヨガマットを敷いて、鳥の声に耳を傾けながらやる必要はない。お茶をいれたり、手を洗ったりという雑用をしながらでもできる。要はマインドフルネスというのは、自分の思考や感情や五感に注意を向けることでそのときの状況に完全に没入するという、誰にでも実践可能な方法なのである。

自分自身やその時々の環境に集中するというのは、前向きなエネルギーを養うための優れた方法だ。ボーッと生きるのではなく、〝いまこの瞬間〟に集中しよう。

マインドフルネスは、親切で思慮深い、周りの人だけでなく自分自身に対しても思いやりを持てる人間になれるよう導いてくれる。

私はマインドフルネスをはじめたばかりのころ、正直に言えば時間のムダだと思った。だが、たしかにその間は、スマホや終わりのないＴＯＤＯリストを気にしなくてすみ、自分の声に耳を傾けることができた。そのおかげで、完璧主義のせいでありえないようなレベルの期待を抱き、それがストレスや不安のもとになっているということを自覚できたのだった。つまり私は、〝立ち止まる〟ことで、恐怖によって駆り立てられた行動パターンを自覚できたわけだ。

現在に集中することで、過去や未来に振り向けている心のリソースを解放して、ストレスを軽くする。〝いまこの瞬間〟に意識を向けて、先入観なしに状況を観察し、完璧主義の呪縛から逃れる。

マインドフルネスの実践によって心に静けさを取り戻せば、最後には、ありのままの自分を認め、いまという瞬間に喜びを見いだし、気持ちを楽にして、バランスのとれた充実した人生を送れるようになる。静寂のなかにいることで、人生は欠けているものがあるからこそ美しいのだというこ とが、わかるようになる。〝いまこの瞬間〟にあえて意識を向けることには、これほど大きな効果があるのだ。だから、以下で解説する方法を、今週の予定に組み込んでみよう。

意図的にマインドフルネスを実践する

静かに座ってしばらくのあいだ、自然と浮かんでくる感覚に身を任せよう。それからすべてを外に吐き出して、深呼吸をする。一息置いたあと、自分の心と素直に向き合って、変えたいところを思い描く。そうして、自分の思うとおりに、自分を変えていこう。

マインドフルネスの実践法にはこのほかにも、「感謝の日記」をつける、自然のなかを歩く、瞑想する、感覚や感情に意識を向ける、呼吸法をするといったものがある。すべてを同時に試してみてもいいし、日替わりでやるというのもありだろう。1日に1分もあれば、マインドフルネスははじめられる。

何かしら考えごとや問題を抱えているせいで、気持ちが押しつぶされそうになったら、次の質問について考えてみよう。

1．過剰反応ではないか？　これはそんなに大したことだろうか？　長い目で見ても、本当に大切なことなのか？

2．勝手に問題を大きくしていないか？　事実ではなく、自分の偏った意見や経験をもとに、結論を下しているのではないか？

3．人の心を〝読もうと〟していないか？　誰かがこう思っている・こう感じている、などと決めつけていないか？　人の反応について、勘ぐりすぎなのではないか？

4．己に厳しすぎないか？　自分のことを「バカ」だとか、「どうしようもない」とか、「太っている」などと卑下してはいないか？

5．ゼロか百かの極端な考えにおちいっていないか？　物事にきっぱりと白黒がつくことなど、現実にはまずありえない。正解はたいていその2つのあいだのグレーゾーンにあるというのに、目の前の状況を単純化しているのではないか？

6．いま考えているのは、事実に即した、現実味のある内容だろうか？　一歩下がって、公平な傍観者の視点から状況を捉え直すことはできないだろうか？　主観的ではなく、客観的に物事を見るのだ。

第２の力　内なる会話に耳を傾ける

心の声に耳をすませてみよう。

そこには自信ややる気、そして新たな自分に生まれ変わるための〝種〟が眠っている。思いやりと共感を持って、自分との対話をすすめれば、いずれはそれが夢の実現に向けてあなたを後押ししてくれる強力な力の源に成長するはずだ。

自己認識を高め、自分の声に耳を傾ける方法を学ぶことで、心が温まり、励みになるような内なる対話ができるようになる。そうなれば、普段の立ち振る舞いが大きく変わるうえに、自分の欲求や恐怖、あるいは強さや限界について深く理解できる。

自己認識が深まれば、それに即した意思決定をして、本当に自分が求める行動をとれるようになる。周りからの期待に応えたり、他人を喜ばせるための仮面をかぶる必要はもうない。自分の個性を認めたうえで、本当の気持ちや考えを自信を持って表現すればいい。

また、自分の声を聞くことで、直感やひらめきが浮かびやすくなる。勘を信じることで、心のコンパスに従って、より大きな目的に向かって人生の舵を切れるようになる。自分の欲求を大事にして、それを満たすために積極的に動くことで、自分自身との関係がより健全なものになっていく。

このセルフケアによって、心身ともに健康かつ幸せになれるだけでなく、ほかの人とのかかわり方も変わっていく。つまり、自分の幸せを大事にすることで、エネルギーや思いやりがわいてきて、結果的に世界に対してより大きな貢献ができるようになるのだ。

思考は、感情や気分を形づくる。そして、自分自身との対話は、自分に対する気持ちや人生で起きる出来事にどう反応するかに影響を与える。つまり、有益にも有害にもなりうる。だから、自分に語りかける言葉に注意深く耳を傾けることで得られる学びは多く、足をひっぱるような思い込みやネガティブなひとり言、すでに役に立たなくなっている行動パターンなどに気づくことができる。さらに、自分を縛ってきた〝ストーリー〟に異議を唱えて、新しい可能性を受け入れ、新たな地平を切り開くことも可能だ。

内なる声に耳を傾ければ、私たちは新たな学びの機会に対して心を開き、それを取り入れて最高の自分に進化することができる。

しっかりと心の声を聞く時間をとれれば、あらゆる経験が将来への研究材料になる。そしてこの〝研究〟は、今後も続いていく継続的なプロセスであることを忘れないでほしい。他者とのやりとりと同じように、自分との対話にも時間と集中力が必要なのだ。思ったとおりにいかないこともあれば、自分に対してイライラしたり困惑したりすることもあるだろう。そんなときに、自分に優しくするのか、それともつらくあたるのかはあなた次第だ。

だが、私自身――そしてクライアントたちもそうだったが――こういうときに自分につらくあたるのをやめるのには、かなり苦労をした。なぜなら自分を甘やかしていては、物事を成し遂げられないと思ってしまうからだ。つまり、恐怖をモチベーションにするというやり方にすっかり慣れてしまっているのである。だからここで思いきって、別のやり方を試してみよう。意図的に、内なる声が喚起する感覚を味わってみるのだ。特定の状況に対して、2種類の内なる声――片方は否定的、もう片方はポジティブで肯定的な声――が聞こえたとする。例えば、次の2つのような声だ。

1.「今日の会議ではぜひ発言しよう。だって、みんなの役に立つような意見があるんだから」
2.「今日の会議では発言するのはやめよう。だって、間違ったことを言ったらバカだと思われてしまうから」

それぞれのセリフを口に出してみてほしい。さて、どんな気分になっただろうか？　最初のセリフのときは、力がわいてくるような感じになるはずだ。一方、あとのセリフでは、甲羅に閉じこもる亀のような気分になったのではないか。

こうして内なる声の喚起する感覚を実際に味わうことで、自分の本当の気持ちをより深く知ることができる。またこれは、慣れ親しんだ古いパターンを使って衝動的に反応するのではなく、状況に応じて意識的に対処する練習にもなる。

内なる声に反論しよう

今日あなたが聞いた内なる声がどのようなものだったか、思い出してみてほしい。批判的なものだっただろうか？　それとも優しく励ましてくれるようなものだっただろうか？　内なる声と対話したあと、どんな気分になっただろう？　あなたは友だちと話すときのように、自分に語りかけただろうか？

以下に「批判的な声」の例と、その「ポジティブな言い換え」の例を示した。あなたの内なる声はどっちのトーンに近いだろう？

・「このバカ！　プレゼンが台無しだぞ。これでお前のキャリアも終わりだ」
⇩「本当はもっとうまくやれるはず。次はちゃんと準備をして、リハーサルしよう。人前で話すためのトレーニングを受けるのもいいかもね。きっとキャリアのプラスになるよ」

・「これを1週間で終わらせるなんて、絶対無理だ」
⇩「たしかにやることは多いけど、一歩ずつ前に進んでいこう。友だちにも手伝ってもらえるか聞いてみようかな」

・「もっとポジティブに考える方法を学ぼうだって？　バカバカしい！　そんなことできるわけない」
⇩「もっとポジティブに考える方法が身につけば、いろいろな面で役に立つはず。ぜひやってみよう」

・「このドレスは太って見える。デートの誘いがないのも当たり前ね。どうして痩せられないのかしら。私はどこかおかしいんだわ」

⇩「私はこのままでもきれいだし、何もおかしいところなんてない。幸せだし、健康だし、愛されている」

いかがだっただろうか？　あなたの内なる声がネガティブなトーンに偏りがちなら、方向転換して、新しい自分との対話のあり方を学ぼう。次に自分に対して何かネガティブなことを言ってしまったときは、そこで一呼吸入れて、これらの例のように優しくてポジティブな言い方に変えてみよう。そしてそれを、心に光がともるまで何度でも繰り返そう。

第3の力　自分を輝かせる

心の中に光の源を見つけて、それを輝かせよう。

他人の影に合わせるように体を縮こめるより、自分の光の中で堂々としているほうがずっとい

い。

無理して誰かの承認を得ようとするのは、もうやめよう。自分を曲げてまで、周りに合わせる必要はない。あなたはありのままでいいのだ。元気をくれる人や、心を開いてくれる人たちと深くつき合うために時間を使おう。これは、それ以外の人とは縁を切ろうということではない。人間関係とはそういうものではないからだ。ただ、相手が自分をどんな気持ちにさせるかを観察して、それをお互いに協力して変えていけるかを見極めてほしい。そうすれば、より深い関係が築けるはずだ。

とにかく、自分のありのままの光を消さないこと。他人を喜ばせたいという理由で、自分の気持ちを押し殺さないように。誰かと一緒にいるときに自分を曲げようとしているのに気づいたら、成長するチャンスだ。それは心の中で何かが起こっている証拠であり、なぜ自分がそうした行動をとろうとしているのか、理由を解明できるかもしれない。自分自身への理解を深めて成長するためのチャンスは、日々の生活のなかにたくさん転がっている。

他人の都合を優先するような行動パターンを続けて、自分を裏切るのはもうやめよう。もちろん、自分がどうしてそんな行動をとりたがるのか——そうすることでどんな欲求を満たそうとしているのか——を知る必要はある。だが、知るだけでは変化は起きない。行動を起こさなければならないし、それには練習も必要だ。ただ、本書を読んでいる時点で、あなたがすでに素晴らしいスタートを切っているのは間違いない。安心してほしい。

他人の都合に合わせて光を弱めるよりも、ありのままの自分の姿で輝いたほうが、力強く生きられる。個性こそが、あなたを特別な存在にする。

〝本当の自分〟とは、ＨＦＡに由来する繊細な側面と、いままさに育みはじめた新しい側面を統合したものであると、私は考えている。つまり本当の自分になるというのは、ＨＦＡを排除することではない。むしろ、ＨＦＡを自分の一部として受け入れて、その繊細さがもたらしてくれる細やかな洞察を生かし、周りの人たちや世間と丁寧につきあっていくことだ。ただし、ＨＦＡに支配されてはならないということは、心に刻んでおこう。

私自身を例にとれば、かつてはＨＦＡの部分が心の中の〝支配者〟だった。だがいままでは、例えば誰かに無理なお願いをされたとしても、相手を怒らせないように反射的に「イエス」と言うかわりに、心の中に生じた恐れの感情を冷静に眺めることができる。そして、状況についても客観的に観察できるようになったので、「いまは忙しいから、あなたを助けることはできないの」と伝えるのに後ろめたさを感じることもない。要は、恐怖に駆り立てられるのではなく、コントロールする余裕ができたのだ。

また、自分の本当の気持ちを尊重して、それを周りに伝えることは、「正直であることを善《よ》しとする、多様な意見を許容する世界」をつくっていくことにもつながる。自分の光に向き合って、光量をあげ、周りの人たちもそれぞれ自分らしく輝けるような道を明るく照らしだそう。

本当の自分を尊重する

周りの人たちを過大評価する一方で、自分については〝でしゃばってはいけない〟と思って光を消そうとしていることに気づいたら、次の質問について考えてみよう。

・他人を過大評価し、自分の光を弱めようとするこの癖の根っこには、どのような思い込みや思考パターンがあるのだろうか？　そして、その思い込みはどのような形で、自己表現を妨げ、自分らしさを損ねているか？
・自分がでしゃばりであるという考えを裏付ける証拠はあるのか？　そう思う発端となったような、具体的な出来事や経験はあるのか？
・自分の光を消すことは、人生の幸福度や充実感にどのように影響しているか？
・自分が世界に提供できる、ユニークな強みや資質はなんだろうか？
・ありのままの自分を表現することで、人間関係にどのようなプラスがあるだろうか？

・でしゃばりかどうかなどということは気にせずに、ありのままの自分を受け入れられたとしたら、どのような気持ちになるだろうか？
・自分の個性を、背負わなければならないお荷物ではなく、神さまからの贈り物だと思うには、どのように考え方を変えればいいだろうか？
・本当の自分を大切にして個性という光を輝かせる。そうすることで生じる後ろめたさと向き合うには、どのようなステップを踏めばいいだろうか？

上記の質問に答えることで、自分の光を消す原因となっている思い込みや思考パターンを把握できる。そして、自分を思いやりながら内省をすることで、そうした思い込みを捨てつつ、本当の自分を受け入れて表現するための戦略を練り、最後には誰にはばかることなく光り輝くことができるようになる。

第4の力

エネルギーを思ったとおりの方向に向ける

エネルギーは貴重なリソースだ。だから、どこに・どのような形で使うかは、己の意思で決めよう。

自分にとって本当に大切なことにエネルギーを注ぐのだ。情熱を持てる、価値を感じることにエネルギーを振り向けてはじめて、人は潜在能力を最大限に生かすことができる。

あなたが1日に使えるエネルギーが全部で100だとする。それをどう使うかによって、人生の幸福度や生産性、充実感が大きく変わってくる。他人を喜ばせるためではなく、自分のためにうまく使えば、それが癒やしや成長につながる。作家で社会活動家でもあるL・R・ノストは、「自分を大切にするというのは、『自分だけが大切』という意味ではありません。『自分も大切』ということなのです」と言っている。

あなたのエネルギーを何に使うかは、あなた次第だということを忘れないでほしい。人は自らの意志で行動できる。その喜びを噛みしめつつ、気持ちが盛り上がる、自分の価値観に沿った、情熱を燃やせる活動にエネルギーを注ごう。

エネルギーの使い道を自ら選択することで、活気に満ちた、目的のある、自分の本当の気持ちに沿った人生を送ることができる。

逆に、自分の価値観や情熱に沿わない、成長につながらないことにエネルギーを使えば、気分が落ち込み、精神的にも肉体的にも消耗してしまうだろう。気づけば疲れ果てて意気消沈し、夢を追い求めるための熱意や意欲がどうしてわいてこないのだろうと不思議に思い、ひどい場合には自分はどこかおかしいのかもしれないと疑ってしまうことになりかねない。そんなときは、いったん立ち止まって、エネルギーの使い道を見直す必要がある。

これを絵を描くことに例えることもできる。この場合、どのような行動をとるかという決断の一つひとつが、絵筆を動かすことにあたる。あなたが描いている絵は、自分を幸せにするような、本当の気持ちを反映したものだろうか？　あるいは他の人を喜ばせることを目的とした、つまらないものだろうか？　アーティストとして、イニシアチブをとって筆を動かして現実を形づくり、満足のいく絵を仕上げよう。

自分のエネルギーの使い道を意識するようになると、いまの人生に〝調節〟が必要なことに気づくかもしれない。そのときはぜひ、自分に思いやりを持ってそれを実行しよう。人はすぐには変われない。心と行動の一致した、満足できるような人生を手に入れるには、小さな変化を一歩一歩積み重ねていくしかないのだ。そして、自己認識こそがその出発点だ。だからまずは、自問自答してみよう――自分のエネルギーはどこに向かっているのだろう？　うまく使えているだろうか？　それとも自分のためにならないことに使ってしまっているのか？　これらの問いに答えたら、次に、エネルギーをムダづかいすることなく、喜びや情熱を感じられる、自分の目的に沿った使い方をするための訓練をはじめよう。

エネルギーの行く先を確認する

日記やノートのページに、まずは「エネルギーを消耗させるもの」「エネルギーを増幅するもの」という2つの項目をつくる。そして、その日に行った活動や作業、人とのやりとりなどを思い出しながら、それをどちらかに分類していく。

この2つの項目についてざっと説明しよう。

・**エネルギーを消耗させるもの**：気分がぐったりしたり、落ち込んだり、疲れきってしまうような活動ややりとり。つまらない仕事や、陰口や噂話、一緒にいると疲れる人と過ごす時間など。

・**エネルギーを増幅するもの**：元気や充実感や喜びを与えてくれるような活動ややりとり。お気に入りの趣味や、好きな人と過ごす時間、クリエイティブな活動や余暇など。

この作業を数日間続けたら、内容を見直してみよう。きっと一定のパターンが見えてくるはずだ。あなたのエネルギーを常に消耗させるような活動ややりとりは、なんだっただろう？　逆に、いつもエネルギーを補給してくれて、気分が上向くような出来事は？

そして、その新たな気づきをもとに、翌日や翌週のエネルギーの使い方を変えてみる。エネルギーを消耗する活動を減らし、エネルギーを増幅してくれる活動を優先的に行うのだ。小さな変化の積み重ねが、長い目で見ると大きなインパクトを持つことを意識しながら、着実に自分のペースでやり方を変えていこう。

また日々の生活を送るなかで、時間やエネルギーをどこに振りわけるかを決める際には、マインドフルネスを実践しよう。なんらかの活動ややりとりに加わる前にちょっと立ち止まって、自分自身に問いかけるのだ。この活動はエネルギーを消耗させるだろうか、それとも増幅させるだろうか？　自分の価値観やプライオリティーに沿ったものだろうか、と。

そうしてエネルギーの使い道を変えることで人生が良い方向に向いてきたことがわかったら、その事実をしっかりと自覚して、お祝いをしよう。その時々に意識を向けるマインドフルネスの実践が、あなたを根本から変えてくれる。その事実を噛みしめながら、より賢い選択ができるように、焦らずに感覚を磨き続けること。

それでは、エネルギーの使い道をコントロールするための練習法をもうひとつ紹介しよう。

■人生の輪

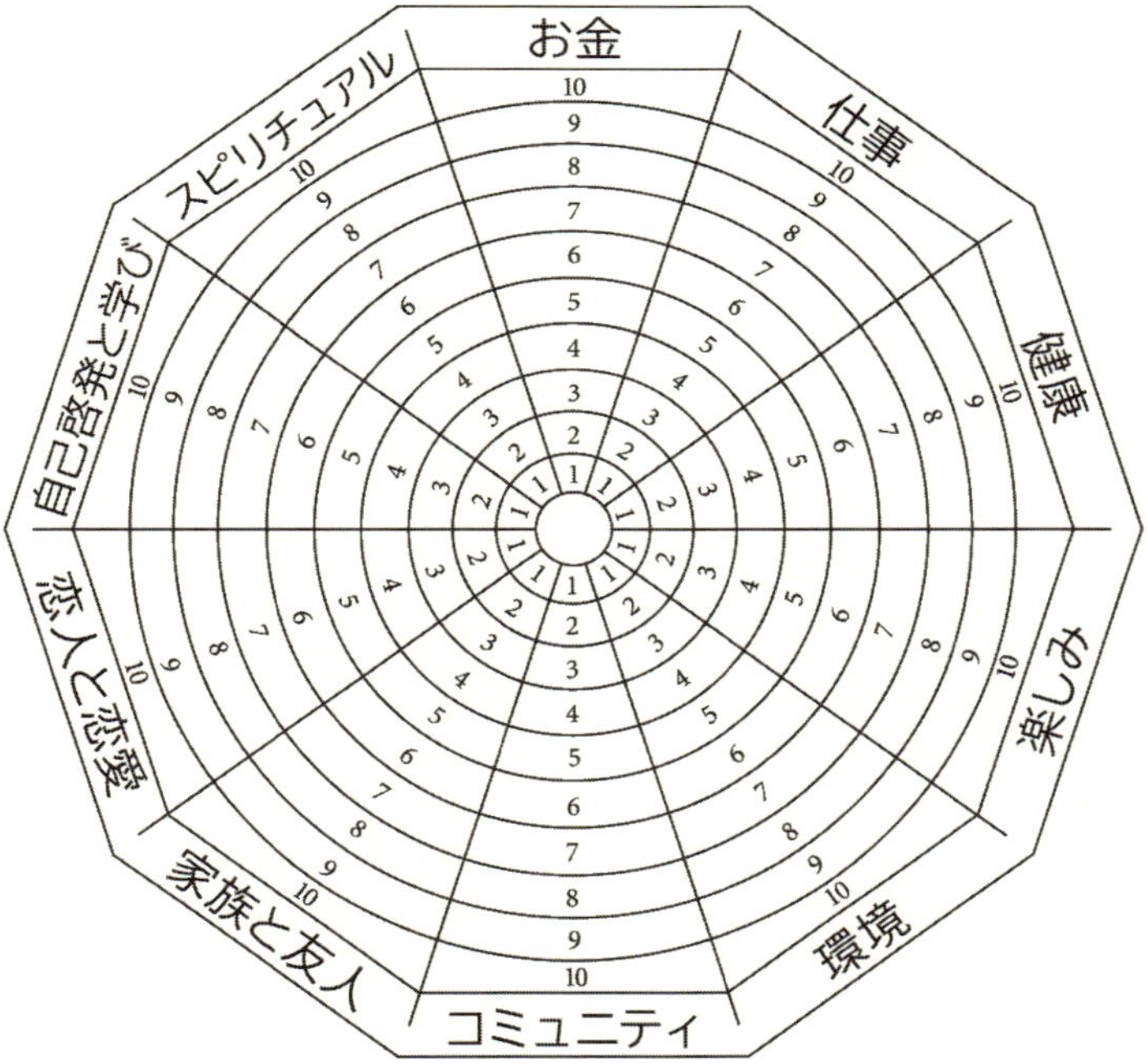

人生の輪

まずはノートに、上記のような「人生の輪」を描いてみよう。この図には全部で10項目が記してあるが、あなたにとってより重要で、外せないと思うものがあるのなら、内容を書き換えても構わない。

次に、各項目を1（非常に不満）から10（完全に満足）の10段階で評価し、それぞれの点数を指す目盛りを線でつないでいく。

点数をつけて線を引き終わったら、できあがった人生の輪を眺めながら自分に問いかけよう。それぞれの項目について、本音ではどう感じているだろうか？　これは、自分の人生のどこをどう変えたらいいかを、考えるきっかけになるはずだ。

この人生の輪のメリットは、人生の主な項目を視覚的に表して、それぞれの現在の幸福度とバランスを一目で把握できることだ。場合によっては、ある項目に時間とエネルギーを注ぎすぎて、他の重要な項目がおろそかになっているかもしれない。そのようなアンバランスな状態はストレスを生み、燃え尽きてしまうことで結果的に幸福度を下げることにつながりかねない。だから、月に一度はこの人生の輪を描いて、チェックすることをおすすめする。きっと人生のバランスを整えるきっかけになるはずだ。

第5の力

ありのままの自分を大切にする

魂のシンフォニーのなかで、自分にしか出せない音を見つけ、それを大胆に奏でよう。

みなと同じであることを良しとするこの世界で、自分の個性を認め、周りと違っている部分を尊重するのには勇気がいる。自己発見と自己受容の旅においては、周りからの期待に応えたり、自分と他人を比較したりするときのために身につけた〝仮面〟を脱ぎ捨て、心の中に深く分け入っていく必要がある。ありのままの自分を受け入れることができてはじめて、心の底から〝自分は自分である〟という実感を得て、充実した人生を送ることができるようになるからだ。

完璧でいなければという考えを捨て、周りとの比較をやめ、自分の個性を受け入れよう。あなたはもうすでに、その道のりを歩きはじめている――いくら〝完璧〟であろうと努力をしても、そもそも〝完璧〟などこの世に存在しないのだから、結局は疲れて燃え尽きてしまうだけだということを理解している。

不完全な部分こそが、人生という〝絵〟をユニークで素晴らしいものにする魅力であることに、あなたはもう気づいているはずだ。

〝完璧〟という幻想を捨てて、恐怖と向き合い、ＨＦＡにうまく対処すれば、あなたは輝くような才能としなやかな回復力をかねそなえた己の本質に触れることができる。

私はかつて、個性を出すのが苦手で、自分らしく振る舞って、それを周りから褒められるということがうまくできなかった。他人に対しては、すぐに素晴らしい人だとそのキャラクターを認めることができたのに、自分に対してはほとんど無理だった。ただ、いまになって思えば、単に〝練習〟が足りなかっただけだった。あきらめなければ、必ずうまくできるようになる。

人類という巨大な〝織物〟のなかに、同じ〝糸〟は2つとしてない。私たちはそれぞれが、独自の色や模様、質感を持った傑作なのだ。個性を受け入れ、ほかとの違いを尊重することは、人生において極めて重要だ。〝本物〟でありたい、受け入れられたい、と誰もが思っているように見えるこの世界で、自分の個性を大切にして、周りとの違いを受け入れることは、まさに勇気と愛にあふれた行為だと言えるだろう。

自分を自分たらしめているものを受け入れ、尊重しよう。自分自身と向き合って、その喜びと悲しみ、才能、願望、衝動を深く理解しよう。そして、自分が唯一無二の素晴らしい存在であることを存分に楽しもう。これまでに読んできた本や見てきた映画、聴いてきた音楽、ともに時間を過ごしてきた人たち、交わしてきた会話がいまのあなたを形づくっている。だからこれからも、自分の心に何を取り込むのか、よく考えて選ぼう。

そして、自分に優しく接することを忘れないように。成長とは継続的なプロセスであり、途中で後戻りすることがあってもそれはさらなる進歩への足がかりとなる。時には以前のように、自分を卑下することで安心したくなることもあるかもしれない。だが、自分への思いやりがあれば、そうしたピンチをしなやかに乗り越えて、自分自身や周りの人との絆を深めることができる。自分の個性を認め、その旅路をいつくしみ、この世界を自分だけの光で照らすことのできる、本物の魂の輝きを手に入れよう。

鏡の自己暗示《アファメーション》

鏡の前でまずは何回か深呼吸をして、心を落ち着かせよう。そして鏡に映る自分の目を見つめながら、自分の個性や特徴を肯定する3つのアファメーションを、大きな声で言う。

以下はその具体例だ。

「私はこの世に1人しかいない。ありのままの自分を受け入れよう」
「私は自分の癖をいつくしみ、個性を楽しめばよい」
「私には愛される資格があるし、このままの自分でいい」

こうしたアファメーションを鏡の前で、1週間、毎日繰り返す。そして、自己認識がどのように変化するか——つまり、こうした言葉が自分の個性や特徴に対する解釈にどう影響を与えるかを観察しよう。これはシンプルではあるが、自己評価を高め、本当の自分をより深く受け入れるのに有効な方法だ。

第6の力

自分自身に語りきかせているストーリーを観察する

心の中にある〝劇場〟では、いつも自分自身に向けた物語が上演されている。そこではあなたは脚本家兼主演俳優だ。物語の内容次第で、自分自身を疑いの影に閉じ込めることもあれば、自己発見と自己実現のスポットライトを当てることもある。だからぜひ、この物語を思い通りに描けるようになろう。内なる〝台本〟を書き換えることで、心と魂が持つ本当の可能性を引き出せるからだ。

私は本書の前半で、最悪の事態ばかりを想像して自分の足をひっぱる「破局的思考」について説明した。その点からもわかるとおり、心というのは非常に優れたストーリーテラーであり、私たちが何者で、何を達成できて、周りからどのように思われているかを物語る、複雑なストーリーを紡ぎ出すことができる。そしてこれも前にも述べたが、HFAがつくりだす「もし、○○だったらどうしよう。××だったらどうしよう」という妄想の底なし沼にはまってしまえば、そこから抜け出すのは容易ではない。

私たちが自分自身に語るストーリーは、これまでに培った信念や経験、解釈から生まれるものだ。そしてそれが、人生のあらゆる側面に影響を与え、普段の振る舞いを形づくる。もし自分のことを、有能で、価値があり、打たれ強い人間だと思っていれば、困難な状況にも自信を持って臨むことができる。逆に、自虐や自己不信におちいっていたり、恐怖にとりつかれていたりすれば、足がすくんで、未知の領域に踏み出すことをためらい、チャンスをつかめなくなってしまうだろう。

こうしたストーリーというのはえてしてして、困難や拒絶を避け、自分の弱さを覆い隠して身を守るために生まれてくる。つまり私たちは、自分の欠点や不安から目をそらし、過去の失敗のつじつまを合わせるためにこうしたストーリーをつくりだし、人生の難しさに正面から向き合わないようにして、傷ついたり失望したりするのを防いでいるわけだ。

だが、あらゆる感情をすべて外の出来事や他人のせいにするというのは、自分には何の力もないと言っているのと同じだ。逆に、自分の感情に責任を持てば、それは成長の機会となり、幸せになる可能性が広がるだけでなく、ひいては人生の主導権を自分の手に取り戻すことにもつながる。

自分を守るためのストーリーは、最初は役に立つかもしれない。だが、やがては足かせになるだろう。その呪縛から逃れるためには、まずはそうしたストーリーが自分の中に存在するという事実を認め、それが人生に与える影響の大きさを自覚しなければならない。そのうえで、終わりのない絶望の物語を、明るい前向きなストーリーに書き換えるのだ。

あなたの物語の作者は、あなた自身であることを忘れてはならない。つまり気持ちひとつで、足かせになるような暗い話を、最高の自己表現ができる前向きな物語に書き換えることも十分に可能なのだ。

過去の出来事にとらわれたり、将来「起こるかもしれないこと」を心配しすぎていると思ったら、意識を〝いまこの瞬間〟に戻すよう心がけてみよう。そうして精神を統一して、心のバランスを取り戻せれば、焦って結論に飛びついて軽率な行動をとったり、逆にその場で立ち往生してしまったりといった事態を防げる。

自分の足をひっぱるような思い込みに疑問を投げかけ、その根拠を疑い、新たな可能性に対して心を開こう。成長を促すようなテーマで、ストーリーを書き換えてみよう。例えば「私には立ち直る力があるし、失敗から学ぶことができる。成功をつかんで幸せになる資格があるし、世界に良い影響を与えられるようなユニークな才能も持っている」というように。

リアリティチェックをする

５つのパートからなるこの方法は、あなたが自分自身に対して語るストーリーの妥当性を批判的に検証し、客観視することを目的としたものだ。以下の「リアリティチェック」の質問に答えれば、内なる物語が事実にもとづいたものなのかどうか、はっきりするだろう。

1．ストーリーを把握する

特定のストーリーや思考パターンが頭に浮かんできたのがわかったら、いったん立ち止まって、主なテーマやその裏にある思い込みをつきとめよう。

例えば、「私のキャリアはけっしてうまくいかない」というストーリーなら、「なぜなら、私はダメな人間だから」という思い込みがその裏にあるのかもしれない。

2．リアリティチェックをする

次に、以下の点について自問自答してみよう。

・このストーリーは事実にもとづくものか？　それとも単なる思い込みか？　そのストーリーを裏付けるような確たる証拠はあるのだろうか？　あるいは、根拠のない思い込みや過去の経験にもとづいたでっちあげにすぎないのか？

・起こりうる最悪のシナリオは何か？　もしその話が本当だとして、最悪、どんな事態が起きるのか？　よくよく考えてみると、そんな結末にはまずならないのではないか？　あるいはもしそうなったとしても、十分に対処可能なのでは？

・そのストーリーと矛盾するような証拠はないか？　自分が過去に挙げた成果や、人から褒められた経験など、そうしたストーリーが間違いであることを証明するような出来事をリストアップしてみよう。

・これがもし友だちだったら、どうアドバイスするだろうか？　親友が同様のストーリーをあなたに語っていると想像してみてほしい。そのときあなたは、どんな助言をするだろう？　それを自分自身にも当てはめてみよう。

・よりバランスのとれた見方とは、どのようなものだろう？　目の前の状況について、良い面と悪い面を両方考慮して、よりバランスのとれた解釈をしてみよう。

3．新たな視点から見る

リアリティチェックの質問に答えたら、次は自分の足をひっぱるストーリーに対して、よりバランスのとれた、ポジティブな解釈を紙に書いてみよう。

例えば、「私はたしかに難しい状況に直面しているかもしれない。でも、過去にも何度も苦境を経験してきたし、今回もなんとか乗り越えられるはずだ」というように。

4．ストーリーを書き換える

元気がわいてくるような新しい視点を取り入れて、自分を肯定するポジティブなアファメーションをつくる。そしてかつての、自分の足をひっぱるストーリーが頭に浮かんだら、その新しいアファメーションを繰り返し唱えよう。

5．マインドフルネスを実践して〝気づき〟を得る

普段から常に、思考や感情に注意を払うようにしよう。そして、自分を縛るような思考におちいっていることに気づいたら、淡々とリアリティチェックの質問に答えて、新たな視点に意識を向けるようにする。

こうやって、常にリアリティチェックをする癖をつければ、自分が自分に対して語っているストーリーを客観的に眺めつつ、余裕をもって対処できるようになってくる。慣れてくれば、思考パターンをコントロールできるようになり、恐怖や不安が軽くなり、前向きな態度で自信を持って物事に臨めるようになるはずだ。

第7の力 自分に対する期待を現実的なものにする

適切な境界線を引くことで、必要以上の責任をしょい込むのをやめ、〝働きすぎ〟から抜け出そう。気持ちを楽にして、バランス感覚を取り戻し、本来の自分らしさをよみがえらせるのだ。

野心や覚悟を持つのは悪いことではないが、それが非現実的な高すぎる期待と組み合わさると、最後には疲れ果て、燃え尽きてしまいかねない。そこにさらにＨＦＡが加われば、人生のあらゆる面で優れた成果を残さなければというプレッシャーに駆り立てられて限界を超えた努力をし、自分の幸せを犠牲にしてしまうことになるだろう。

目標があるのはいいことだが、自分を追い詰めないように気をつけよう。〝やりすぎない勇気〟が必要だ。エネルギーの使い方を意識しつつ、バランスのとれた方法で、自分の好きなことにうまく取り組むようにしよう。何かを追求して優れた成果を挙げようとするときには、自分の限界を無理に押し広げるのではなく、幸せになれるようなやり方で取り組んでこそ、真の成功が手に入る。それを忘れないでほしい。

目標を追求するときにはがむしゃらに突き進むのではなく、よく考えて行動しよう。優れた成果というのは、自己犠牲のもとに成り立つのではなく、バランスのとれた取り組みによって達成されるのだから。

これまであなたはＨＦＡのせいで、駆り立てられるように無理な目標を追求してきた。だが、もうおわかりだろうが、〝完璧〟を追い求めると途中で不安がわいてきて、失敗の恐怖にとりつかれることになる。そうなると、なんとしてでも目標を達成しようとして、さらに長時間働くようになり、余暇の時間はなくなり、セルフケアがおろそかになってしまう。そうして働きすぎとセルフネグレクトの状態が長く続くと、さしたる苦労もなく仕事とプライベートを両立させているように見える周りの同僚たちに対して腹を立てることにもなりかねない。

だから、現実的な基準を設定して、エネルギーを効率的に使う方法を学ぶことだ。そうすれば、ありえないような高すぎる期待を捨て、プレッシャーから解放されて、自分の喜びや幸せを追求できるようになる。

私自身、自分に優しくできるようになっていったときのことをよく覚えている。それまでは自分に厳しくするのが当たり前だったので、最初はかなりの違和感を覚えた。だが時とともに、自分への思いやり《セルフコンパッション》という考え方にも慣れてきて、期待を現実的なレベルに設定することで、人生のバランスを取り戻せることがわかってきた。そうして自分を思いやり、歩んできた人生に感謝できるようになったことで、真の充実感とは〝いまこの瞬間〟に、全力で向き合うことで得られるということがわかったのだ。

非現実的な期待という重荷を捨てられれば、真の幸福を追求し、本当の自分を受け入れて、心の平安を手に入れるための道が開ける。自分の限界を見極めて、達成可能な目標を設定することで、逆に望むような充実した人生を切り開くためのポテンシャルが開花するのだ。

日々の生活に意識を向ける

これから紹介するやり方を、人生のさまざまな場面でぜひ役立ててほしい。例えば、同僚から仕事を頼まれたとしたら、すぐにそれを引き受けるのではなく、「まずはこっちの状況を確認してから返事をするよ」と答えよう。そうやって少し時間を稼いでおいて、頼まれごとの内容を確認しつつ、以下の6つの項目をチェックしてみるのだ。

1. 自分の価値観に照らし合わせる

時間をとって、自分の核となる価値観《コアバリュー》をもう一度はっきりさせよう。自分の人生にとって重要なことはなんだろうか？　それがわかっていれば、本当の意味で自分にあった目標を設定することができる。例えばいまの例でいえば、もし同僚に頼まれた仕事を引き受けてしまえば、ジムに行く時間はなくなってしまうし、夜遅くまで残業しなければならないかもしれない。自分にとってどちらが大事なのか、よく考えてみよう。

2. 優先順位をはっきりさせる

自分のコアバリューをしっかりと把握したら、次に、優先すべき――人生において力を注ぎたい、大切にしたい――ことを紙に書き出そう。今回の例なら次のようになるだろう。「ジムに行けなければ、ストレスがたまるだろう。夕食を自分でつくる時間がとれないとテイクアウトに頼るしかないから、さらに気分が悪くなる。それに、明日は友だちと飲みにいく約束がある。これは3カ月も前から決まっていたことだから、キャンセルはしたくない」

3. 自分を思いやる

物事がうまくいかないときは、自分に優しくしよう。非現実的な期待を持たないというのは、人生には失敗がつきものなのを認めることでもある。だから、友だちに接するときと同じように自分を思いやろう。今回の例で言えば、次のようになる。「同僚に『ノー』と言うのは気が引ける。でも、これはそもそも自分の仕事じゃないんだから、絶対に引き受けなきゃいけないわけじゃない。それはわかっているはず」

4．必要なときには「ノー」と言う

何かしらの誘いや要求を断ることは、けっして自分勝手な選択ではない。自分にとって本当に重要なことを追求するために、時間やエネルギーを確保するのはとても大切だ。今回の例で言えば、「スケジュールを確認してみたんだけど、これ以上仕事を引き受けることはできそうにないよ」と伝えればいい。そのとき、罪の意識を感じる必要はない。

5．境界線を引く

プライベートでも仕事でも、ほどよいところに境界線を引くことを心がける。適切なタイミングで休憩をとって、セルフケアとリラックスの時間を確保しよう。今回の例で言えば、あなたがこの同僚から余計な仕事を頼まれたのは初めてではないうえに、これまではほとんど毎回「イエス」と答えて引き受けてきたのだ。親切にしてあげたいと思う気持ちはわかるが、心を鬼にして断ろう。それに、「ノー」と言って境界線を引くことで、相手にこちらがどのような扱いを望んでいるかを知らせることにもなる。

6. 再評価して、調整する

人生は移ろいやすいものであり、状況は常に変化する。定期的に目標や期待値を見直して、変化する現実に対応するための調整を加えよう。この例で言えば、同僚に対して初めて境界線を引いたあなたは、自分を誇らしく思うとともに、罪の意識も感じてしまっているかもしれない。だが、それが正しい選択であることはわかっているはずだ。罪悪感のせいで、とにかく人を喜ばせることだけを考える古い行動パターンに逆戻りしないよう注意しよう。

第8の力　感謝の瞬間をつくる

人生は、〝やらなければならないこと〟ばかりかもしれない。それでも折に触れて、物事に感謝する時間を確保しよう。これは、いまを大切にし、過去を称え、自分が置かれている環境の豊

かさに目を向けることのできる、貴重な時間だ。

ＨＦＡによる完璧主義におちいると、優れた成果を追い求めるあまり、セルフケアをしたり、人生の喜びを感じたりする余地がほとんど残らないということになりがちだ。次にやるべきことが迫っているというプレッシャーや背負っている責任の重さに押しつぶされて、立ち止まって自分の置かれている環境に感謝する気持ちがなくなってしまう。

だから、こうした忙しい日々のなかでも意図的に立ち止まって、感謝の気持ちを味わい、自分と向き合う時間をとろう。これは、感謝という感情が持つ〝変革の力〟を使って、自分の人生に訪れる大小さまざまな恵みに目を向けるための、極めて効果的な方法だ。

朝の暖かい日差しを浴びたり、心温まる会話を楽しんだり、温かい飲みものや柔らかいセーターが与えてくれるささやかな喜びを味わう。すると、〝いまこの瞬間〟を大切にして、自分自身や周りの人や世界とのつながりを取り戻すことができる。

そうしてその場その場で立ち止まって、その時々の気持ちを噛みしめる。自分が経験していることの豊かさを知り、深い充足感や喜びを感じ、自分が歩んでいる道に感謝できるようになるはずだ。そうすれば、物事の見方が変わってくる。ある出来事を、失敗だと思って悔やむのではなく、成長のチャンスと捉えるようになる。すると、野心と自己満足のバランスがうまくとれるようになり、思いやりを持って自分に接することができるようになるのだ。

真の充足感は、何かを達成することによってのみ得られるわけではなく、〝いまこの瞬間〟の素晴らしさをいつくしみ、本当の自分を受け入れることでも見いだせる。

次から次へと何かを求め続けるのはもうやめて、立ち止まって一息入れよう。ただしこれは、人生でチャレンジするのをやめようという意味ではない。物事の見方を変えて、状況を前向きに捉え、感謝の気持ちを育もうということだ。

折に触れて感謝する時間をとることで、焦ることなく、人生の素晴らしさを味わい、謙虚な心を養うことができる。あるのが当たり前だと思っている身の回りのものの素晴らしさやありがたみを噛みしめれば、心が落ち着いてくる。これまでの人生で達成したことや、すでに持っている人間関係を振り返れば、次に手に入れたいもののことだけで頭がいっぱいになってしまうこともなくなる。感謝すれば、喜びも自然とわいてくるものなのだ。

感謝の日記

日記をつけるのは、感謝の気持ちを育むための優れた方法だ。振り返りに集中できるような、静かで居心地のよい場所を確保したら、次のように作業を進めよう。

1．時間を確保する

毎日、〝感謝の日記〟に集中するための時間を決めよう。朝でも、寝る前でも、職場でのお昼休憩のときでもかまわない。忘れないようにスケジュール帳に書き込んでおくのもいいだろう。

2．〝3つの恵み〟を振り返る

その日に起こった出来事のなかで、感謝に値する〝天からの恵み〟だと思えるものを3つ思い出してみよう。事の大小は問わないし、自分に関係があってもなくてもかまわない。あなたにとって意味のあることならなんでもいい。そして次に、「なぜ私はこの3つの出来事に感謝しているのだろう？」と自分に問いかけよう。これによってあなたは、その理由を深く掘り下げ、じっくりと吟味することになる。この作業を繰り返すことで、普段の生活のなかに埋もれている素晴らしさにより敏感になっていくはずだ。

3．感謝の気持ちを味わう

3つの恵みについて考え、書き出す際には、感謝の気持ちにじっくりと浸ろう。それぞれの出来事を思い出すことで心にわきあがる前向きな感情を、思う存分味わってほしい。

4．毎日繰り返す

この〝感謝の日記〟を毎日の習慣にしよう。人生のポジティブな面に意識を集中するように脳の仕組みを入れ替えるには、継続こそが鍵となる。

5．新しいものの見方を探る

たとえ困難な状況に直面しているときでも、何かしら感謝できそうなことを探してみよう。すると心構えが変わって、苦境を乗りきる力がわいてくる。

6．振り返りと内省

感謝の日記がある程度たまったら、定期的に中身を読み直そう。きっと、自分なりの思考パターンや成長の軌跡、ものの見方の変化などが見えてくるはずだ。こうした振り返りをうまく使って、人生が与えてくれる恵みへの感謝を深めていこう。感謝の日記を、パートナーや子どもや友だちと一緒に書いてみるのもいいだろう。

第9の力

他人との比較をやめる

セオドア・ルーズベルトはかつて、「比べることは、喜びを奪う泥棒だ」と言った。だからあなたも、自分自身の旅の道のりをあるがままに受け入れよう。そこにはあなただけの、真の強さと美しさが表れているのだから。

私たちはよく、他人の人生を〝窓からのぞき込んで〟は、自分にはないものを持っていたり、できないことを達成したりしているのをうらやましがる。すると、自己不信の種が芽吹いて根を張り、自分の価値や能力に疑問を抱くようになる。だが、いまの文章をもう一度見直してほしい。私はあえて〝窓からのぞき込む〟という表現を使った。要はこれは、そこから見える景色だけを切り取ったにすぎないということだ。移ろいゆく自分の人生を、誰かの人生のたった一部を切り取った景色と比べるのはナンセンスだ。

たしかに、比べたがるのは人として当たり前ではある。だがそれをうまくコントロールして、自らの成長と幸福につなげる方法を身につけることが大事だ。自分らしさを受け入れ、歩んできた道のりを大切にできれば、自己肯定感が高まり、満ち足りた気分でより充実した人生を送ることができる。

結局のところ、あなたは誰かのコピーを目指すのではなく、オリジナルの存在であるべきなのだ。誰かと比較せずに自らの旅を受け入れるというのは、自分の個性を尊重して、人生という物語の美しさを自覚する。すなわち、自分の人生は自分だけのものであり、ほかの誰かの人生とは違うのだということを心の底から認めることだ。それができてはじめて、あなたの人生は唯一無二の特別なものとなる。

物差しを捨てて、比較という名の呪縛から自由になれば、非現実的な期待という重荷からも解放される。曲がりくねって、混沌とした、欠点だらけの――しかしだからこそ素晴らしい旅路が、あなたをあるべき場所へと導いてくれる。ぜひ、それを信じてほしい。

自分自身の歩んできた旅路を受け入れることによって、〝誰かのようになりたい〟と思うのではなく、ありのままの自分でいることにこそ、人生の醍醐味があることがわかる。

あなたの価値は他者との比較で決まるわけではないことを、けっして忘れないでほしい。誰かと比べてしまう癖を直すには、時間と忍耐が必要だ。だが、いったん自分を受け入れて、思いやりを持てるようになれば、充実した、本物の人生がはじまる。

あなたの道はあなただけのものなのだから、自分の個性を尊重して、他人と比較するのはやめよう。インスピレーションをもらうことはあってもいいが、誰かを物差しにして自分を測ってはならない。自分だけの道を歩んでほしい。それこそが、あなたの中に眠る無限の可能性を開くための鍵なのだから。

比較思考をコントロールする

いまから紹介する方法は、毎日やることを前提としている。どんなときに自分の人生を人と比べてしまうのかを知るために役立ててほしい。比較のきっかけとなるような状況や環境、人物に注意を払おう。そうしたきっかけを特定できれば、どこに〝比較の罠〟が待ち受けているのかが、だんだんわかるようになってくるはずだ。

1. 比較をはじめたら、落ち着いてその事実を認める

自分が比較をはじめたことに気づいたら、いったん落ち着こう。そしてまずは冷静に、比較しているという事実を認める。そのうえで、比較するのは人として当たり前——しかし、その比較によって自分の価値が決まるわけではない——ことを思い出そう。

2. ネガティブな思考に〝待った〟をかける

比較をしている最中に浮かんでくるネガティブな思考に、〝待った〟をかけよう。そのうえで、そうした考えが現実的な予想にもとづくものなのか、あるいは周りからのプレッシャーや不安から生まれたものなのか、自問自答してみるのだ。

3. 見方を変えて、方向転換する

比較思考を、ポジティブで力のわいてくるような視点から捉え直してみよう。自分だけのユニークな個性や、いままでに挙げた成果に目を向けてみるのだ。人はみな、それぞれ別々の道を歩んでいる。だからこそ、人生が多様性に富んだ美しいものになるのだということを思い出そう。

4. 自分への思いやりを育む

自分に優しくしよう。もし、周りとの比較に悩んでいるのが友だちだったらどうだろうか。その場合と同じような態度で、自分に接するのだ。人生は完璧でなくてもかまわない。自分なりの道を行けばいいということを思い出そう。

第10の力

〝自己信頼〟の力を解放する

〝自己信頼〟とは、押し寄せる不安の波を、自信と立ち直る力《レジリエンス》で乗りきるための〝錨〟である。具体的には、自分の能力や決断、価値に対して確固たる信頼を寄せることを指す。自分を信頼できれば、おびえることなくまっとうに人生を歩むことができる。

私たちはＨＦＡのせいで、不安と自己不信の糸にからめとられ、人生に安らぎを見いだせなくなってしまいがちだ。だが、自分を信頼できれば、そこから脱出できる。自分の能力を自覚して、恐怖の正体を見極めれば、周りからの承認に頼らずとも、直感を信じられるようになる。

ただ、ひとつことわっておくが、自分を信頼するというのは、人生のあらゆる面で根拠のない自信を持つということではない。むしろ、自分の弱さを斜に構えずに認め、成長の機会として受け入れることを指す。

失敗をするのは当たり前だということを認め、それを学びのチャンスと捉えれば、自分を許せるようになる。

私のクライアントに、いままでの失敗を細大漏らさず〝頭の中のファイル〟に記録している人がいるという話をしたのを覚えているだろうか？　そんなときでも、自分を信頼していれば、そのファイルを捨てて、大きな心で人生に向き合うことができる。もちろん、やることなすことすべてが成功するなどということはありえない。それでもしっかりと自分を信じていれば、すくなくとも何もせずに手をこまねいているのではなく、足を一歩前に踏み出して挑戦に乗り出すことができるはずだ。

ありのままの自分を強く肯定する姿勢こそが、自己信頼の土台となる。自分を信じていれば、己の価値を他人の意見や〝減点法〟によって左右されることがなくなる。だからこそ、比較や自己不信の呪縛を逃れて自分の個性を素直に楽しむことができるし、自信にあふれた穏やかな心で、人生に立ちふさがるさまざまな困難に対処できるようになる。

またほかのスキルと同様、定期的に振り返りをして意図的に努力を積み重ねることで、私たちはより上手に自分を信頼できるようになっていく。まずは直感を信じて、その時々の気持ちや欲求を大切にすることからはじめよう。そしてたとえどんなに小さなことでも、何かを達成したときには自分を褒めて、それによってどんな困難を克服したのかを意識する。慣れるまでは、自画自賛をしているような居心地の悪さを感じるかもしれない。だがあなたはいま、自分の価値をあえて再確認している途中なのだから、そんなことは気にしなくていい。

また、常に完璧であろうというプレッシャーや失敗への恐怖にとりつかれると、自己批判と〝やりすぎ〟のループにおちいってしまいかねない。だがここでも、自分を信じられれば、不安を振り払うことができるし、外部からの評価を過剰に追い求めずにすむ。失敗や挫折も前に進むための足がかりになることをしっかりと自覚できれば、立ち直る力が身につき、メンタルヘルスを保つことができる。

いったんそうして恐怖を克服できれば、新たなチャンスや経験につながる扉が開き、コンフォートゾーンを抜け出して、成長と自己発見の旅へと出ることができる。自分を信じることから生まれる力を使って、揺るぎない自信とオープンな心で人生を歩みつつ、その道の途中で出合うものすべてに正面から向き合うのだ。

それでは次に、自己信頼を強化し、能力に対する自信を深めるのに役立つ、すぐに実行可能なシンプルな方法を紹介しよう。

自己信頼のアファメーション

まずは目を閉じて、深呼吸をする。鼻から息を深く吸い込み、口から吐き出す。リラックスして、体の力を抜こう。そして、自分を肯定するアファメーションを心の中で繰り返す（声に出してもいい）。自分の心に響くような言葉を選ぶこと。以下に例を挙げよう。

「私は自分自身を信じて、決めたことを実行する」
「私は自分の能力を信じているし、自分らしさを大切にしている」
「私はそのままで十分に素晴らしい」
「私はこの道に立ちふさがるどんな困難にも立ち向かえる」

このようなアファメーションを何度も繰り返し唱えることで、自分への信頼が深まり、能力に対する自信が育っていく。やがて自己不信と不安が消え、堂々とした、折れない心を持って、人生の困難に正面から立ち向かえるようになるだろう。

第11の力　勇気を持って、繊細に生きる

勇気を持って生きることと、自分の繊細さを受け入れることは表裏一体だ――なぜなら、心を開いて繊細な部分をさらけ出してはじめて、内に秘めた真の強さが見つかるから。

誤解してほしくないのは、〝繊細な部分をさらけ出す〟というのは、出会う人に誰彼かまわず、

あけっぴろげに本音を垂れ流すということではない。「この人になら心を開く価値がある」と思った相手に対して、臆することなく自分の最も繊細な部分を見せる、勇気のいる行為なのだ。「繊細さを受け入れる勇気さえあれば、心のままに生きていける」。『本当の勇気は「弱さ」を認めること』（サンマーク出版）の著者で研究者のブレネー・ブラウンは、このテーマの大切さを著書や論文に書き記しており、充実したうそ偽りのない人生を送るにあたって、繊細さを受け入れることがいかに重要かを語っている。ブラウンは繊細さは弱点ではなく、むしろ強みであると考えている。なぜなら繊細だからこそ他人と強い絆を築けるし、ありのままの自分を見せるからこそ、より深い感情や関係を経験することができるからだ。

本当の意味で繊細な人は、本音をさらけ出すことと、自分の気持ちを守るために境界線を引くことの、バランスをうまくとることができる。だからあなたも、繊細さとは、自分の不完全さや恐怖や不安を、正直に恥じることなく受け入れられる強さの証であることを忘れないでほしい。最初は信じられないかもしれないが、慣れてくれば、繊細なのはけっして悪いことではないのがわかってくるし、たとえ周囲の状況が不安定でも、なんとかその場を乗りきれるという自信もついてくる。

さらに時とともに、周りの人たち——とりわけ、自分の繊細さを認めてくれる人たち——を信頼できるようにもなる。ぜひ、そうした人たちを大事にしよう。彼らは、あなたが心の最も深い部分を打ちあけたとしても、思いやりをもって正面から受け入れてくれる相手なのだから。また あなたも彼らにとって、そのような存在になれるように頑張ってみよう。

私たちは繊細であるからこそ、自分のありのままの姿を見てもらい、知ってもらうことで、周りの人たちと本物の絆を築くことができる。

自分の繊細さを認めるというのは1回かぎりで完結する行為ではなく、これから先も続いていく自己発見と成長の道のりだと言っていい。繊細さを受け入れ、心の奥底にある望みを表に出すことで、私たちは本来の強さと自分らしさを取り戻せる。繊細であるというのは、周りからの承認や賛同を求めることではなく、何が起こるかわからない人生に正面から向き合いつつ、自分の心の奥深くにある強さを見つけることなのだ。

自分の繊細さを掘り下げる

それでは、自分の繊細さに目を向け、勇気を育み、感情や経験への理解を深めるための方法を紹介しよう。

1．過去の経験を振り返る

過去に、どのような場面で自分が繊細であることを実感したか思い出してみよう。例えば、何かしらのリスクを負ったときや、自分の気持ちを誰かに打ちあけたときや、難しい状況に直面したときなどがその例だ。そうした経験を、日記やメモに書き出してみよう。

2．感情を探る

上記のような状況で、あなたはどのような気持ちになっただろうか？　怖かったり、不安だったりしただろうか？　それとも興奮したり、ワクワクしただろうか？　感情を素直に観察して、紙に書きとめてほしい。

3．きっかけを特定する

それぞれの状況で、あなたの繊細さが表に出ることになったきっかけはなんだっただろう？　周りから批判されたり、拒絶されたりするのが怖かったからだろうか？　それとも失敗するのがいやだったから？　きっかけを特定することで、自分の繊細さのなかでも、特にどのような面が問題になりやすいのかを知ることができる。

4. 自分に思いやりを持つ

自分の繊細さに目を向けるときには、思いやりを持とう。繊細なのは人として当たり前であり、そうした感情を抱くのも仕方がないということを認めたうえで、自分に優しく接すること。

5. 勇気ある対応をイメージする

そして次に、過去のそうした場面において、もし勇気を出すことができたら、どう対応すべきだったかを考えてみる。本当の気持ちを素直に表現するにはどうしたらよかったのか、思い浮かべてみよう。

6. 気づいたことを日記に書きとめる

この方法を実行するあいだに浮かんできた気づきや洞察、新しい視点などを書きとめておく。そして自分自身の性格と繊細さとの関係について、どんな学びがあったのか考えてみる。

7. 未来に向けた小さな課題を設定する

普段の生活のなかで、勇気を持って自分の繊細さと向き合うための小さな課題を設定して、それをひとつずつこなしていこう。例えば誰かと心の通った会話をしたり、自分が創作した作品を世の中に公開したり、必要なときは周りに助けを求めたりといったような。さらに、そうしたことを実行に移したときに、どんな気持ちになったかを日記に書きとめよう。

第12の力 忍耐を身につける

忍耐というのは、受け身で何かに耐えるということではない。それは人生の荒波をうまく乗り越える技術であり、成長の機会をひとつずつものにしていくことを指す。

ちなみに私にとって忍耐は、おそらくは最も身につけるのが難しいものだった。以前『スター・ウォーズ』を観ていたとき、私は何も教えてくれないヨーダにいら立ちをつのらせるルーク・スカイウォーカーにひどく感情移入してしまった。だが、私たちもスター・ウォーズのジェダイのように、忍耐を学ぶ必要がある。

変化を追い求めるなかで、すぐに結果を出して成功を手に入れたいと思うあまり、最初は忍耐というものの大切さがピンとこないということはありうる。しかし忍耐のなかにこそ、成長の本質がある。私たちは辛抱強く努力を続けることで、秘めたる力を解き放ち、自分の運命の手綱を握ることができるのだ。

やろうと思えばいくらでも手軽に気晴らしができる現代だからこそ、忍耐という美徳は、これまで以上に強さと賢さの源泉として大きな影響力を持つようになるだろう。

何かに粘り強く取り組めるというのは、本当の意味で自分を信じて、己の旅を肯定できたことの証だ。成長は段階的に進むものであり、大きな変化には時間がかかる。忍耐はそれを教えてくれる。

逆に、我慢ができずに焦ってしまえば、自己不信にとりつかれたり、いら立ちに飲み込まれたりして、自分を成長させてくれるはずの素晴らしいチャンスを棒に振りかねない。優れた成果を出さなければというプレッシャーや失敗することへの恐怖のせいで、私たちは限界を超えた努力をしがちだ。だが、そこでぐっと焦りを抑えて踏みとどまることができれば、正しいと思えないことに反射的に飛びつく前に、自分の気持ちと向き合って、心の中で起きていることを調整する余裕を確保できる。つまり、自分でペース配分ができるようになるのだ。

また、物事に粘り強く向き合うことで、周りの人とのつながりが強くなり、お互いに理解しあって、より深い絆を育むことができる。物事が思ったとおりに進まないときでも、誰かに八つ当たりするのではなく、肩の力を抜いて、流れに身を任せよう。周りの人の声に積極的に耳を傾けて、普段から意見を言いやすい環境をつくっておくことで、お互いに相手を思いやることができる。

我慢ができるからこそ、周りの人と心からコミュニケーションをとって、信頼の架け橋を築くことが可能になる。ＨＦＡを持っていると、他人を信頼しづらくなりがちなので、これはとりわけ重要だ。忍耐力というのは、自分に対しても他人に対しても寛大な心で接するのに必要な〝力〟のひとつだ。だがその他の〝力〟と同じく、忍耐力を身につけるのにも練習がいる。

例えば、瞑想や呼吸法を通じたマインドフルネスで、〝いまこの瞬間〟に集中する。また定期的に振り返りをして、物事を急ぎすぎたり、無理をしすぎていないかを確認する。こうして立ち止まって一呼吸おくのにも、忍耐力が必要なのだ。

忍耐力を養うための呼吸法

気持ちが落ち着かないときは、これから紹介するシンプルな呼吸法をやってみよう。心を鎮めて、じっくりと物事に向き合えるようになるはずだ。

1．呼吸を数える

座った状態でも立った状態でもいいので、体をリラックスさせて、背筋を伸ばし、肩の力を抜こう。目は閉じてもいいし、薄目を開けてもいい。とにかくリラックスすること。その状態で、まずは自然な呼吸の流れに身を任せて、息を吸ったり吐いたりするときに胸や腹が上下するのを意識する。

そして次にカウントをはじめる。息を吸いながら心の中で1と数え、息を吐きながら2と数える。それを繰り返して10まで数えたら、1からふたたび数えはじめる。途中で気が散りそうになっても、呼吸を数えることに集中しよう。

10まで数え終わって、また1から次のサイクルをスタートする前には、少しだけ間をあける。そのあいだに、焦りや不安を洗い流していく。心を鎮めて、わきあがる感覚や思考を静かに眺めてみよう。

2. 繰り返しながら時間を延ばしていく

この呼吸法を数分間続ける。そして必要に応じて、時間を延ばしていこう。焦ったりイライラしてきた場合は、ひとつ前の「呼吸を数える」のステップに戻って、じっくりと〝いまこの瞬間〟に向き合ってみること。

3．振り返る

呼吸法をやり終えたら、少し時間をとって、この体験を振り返ってみよう。何か心や体に変化はあっただろうか？　焦ることなくじっくりと意識して呼吸ができたのなら、心が鎮まり、体に1本軸が通った感じがするはずだ。

この呼吸法を定期的に行うことで、難しい状況に直面しても慌てずにすむようになってくる。人生の浮き沈みに対して反射的に反応するのではなく、粘り強く取り組めるようにもなるはずだ。また、考えがまとまらなかったり、気持ちが焦ってしまうときにも、この呼吸法でそうした焦りを〝流して〟しまえば、落ち着いて物事を進められる。

ここで取りあげた12の力を使いこなせるようになるには、時間がかかる。なぜならこれは、〝生き方を変える〟ことにほかならないからだ。使いこなせるようになるまでには、多くの学びがあるはずだ。それを受け入れて成長し、〝本当の自分〟にふさわしい、充実した人生を送ろう。自分の歩いてきた道を定期的に振り返りつつ、その時々で本当の気持ちを表現し、己のありのままの姿を受け入れることで、あなたは人生のあらゆる場面で自分らしく輝くための、勇気と自信を手に入れることができる。

作家でパフォーマンスコーチのブレンドン・バーチャードは、次のように言っている。

最初は、それはただの考えにすぎない。
だが、それが行動となる。
そして、習慣となる。
さらに、決まりになる。
ついに、第2の本能になる。
要はそれは、あなたそのものになるのだ。

ステップ2では欲求階層説の話をした。そこで紹介した方法は、もちろんすべて実行する価値のあるものだが、より根本的な、土台となる部分について普段どのように取り組んでいるかは、あなた自身がチェックする必要がある。HFAの特徴は心の中に表れる場合がほとんどだが、時には目に見える現象として起こることもある。だからしっかりと休息をとって、水分を補給したりするのも大切だ。
内と外の両面から自分をケアしよう。

ステップ5まとめ

ここまで12の力について見てきたが、これはいわば、ジグソーパズルの最後のピースであり、そのうちのどれを使うも使わないも、あなたの自由だ。あなたの道はあなただけのものであって、ほかの誰かに効果があるものであっても、あなたにとってそうだとは限らないのだから。ただし、優しさや自分への思いやり、そして本音に目を向けることが、どんな人生にでも深みと豊かさをもたらす、普遍の法則なのは間違いない。

あなたはいまきっと、それを手にするための道を歩みはじめていることだろう。

最後に

ここまでよく頑張った！

今回の旅はきっと、「何かがおかしい。でも何がおかしいのかわからない」というところからはじまったはずだ。あなたは本書を読み進めるなかで、自分という存在の核心に迫り、ＨＦＡについて深く掘り下げるという難題に挑んできた。つまり、コア・ビリーフや自分自身に言いきかせてきた偽物のストーリーと向き合い、〝部屋の中のゾウ〟である恐怖に立ち向かったのだ。

さらに、勇気を持って自分の行動パターンを自覚し、幼少期の経験を掘り起こし、それがいまの自分にいかに影響を与えているかを目の当たりにした。私もまた、自ら歩んできた道のりを、苦しかった時期からいかに立ち直ったかを含めて、みなさんにお話しした。そしていま、喜びと自分への思いやりを感じながら、この本を書いている。

いまのあなたは、自分自身のことを深く理解して、ＨＦＡによる特徴も含めた自分のユニークで非凡な個性を受け入れられるようになっているはずだ。私はそう信じている。自分の足をひっぱっている行動パターンや思い込みから自由になり、自分自身に思いやりを持つためのツールはすでに渡した。

もう、羽を広げて飛び立つ準備はできている。いまこそ、ＨＦＡの呪縛から解き放たれて、大空へと舞い上がり、多くの学びにあふれた旅へと出発するときだ。

新しく手に入れたこの自由を存分に享受しよう。

自己発見と癒やしの旅がいま、はじまったのだから。

自分自身との契約

たったいまこの本を読み終えた私は、自分自身に対して、以下のとおり宣誓し、その内容を遵守することを誓います。

私は、内なる世界を探求し、自分自身をより深く知るためにここにいます。

その道のりが、時に険しいものになるのはわかっています。それでも私は覚悟と熱意を持って、感情をコントロールする方法を学びます。不安を軽くして、心を穏やかにし、より幸せになるために。

私は、自己嫌悪におちいるようなことには、もうかかわりません。

ありのままの自分で、世の中と向き合います。

署名：

日付：

謝辞

この本を世に出すにあたって、重要な役割を果たしてくれたすべての人に、心からのお礼を申しあげたい。まずは、私の家族――実の家族だけでなく、人生の旅路のなかで家族同然の関係となった方々へ。いつも変わらぬサポートと励ましで私を支えてくれてありがとう。

次に、カウンセリングを担当してくれたセラピストに、特別の感謝を捧げる。彼女の深い専門知識と指導のおかげで、私は自分の光を消すことなく、正面から向き合うことができた。信頼関係を築くのに何度もセッションを重ねる必要があったというのに、それでも見捨てずにいてくれたことに心から感謝する。

そして、私のことを信頼して、暗闇の中で道を照らしてくれた人たちへ。私が自分の翼で飛んでいると――しかも、単に空に浮かぶだけではなく、充実した人生に向かって羽ばたいていると――信じられるようになったのは、あなたたちのおかげだ。

また、人生の過程でさまざまな教訓をくれた人たちにもお礼を言いたい。あなたたちが与えてくれた影響は計り知れない。

この本は、私の旅を形づくってきたみなさんの努力と経験の結晶だ。この意義ある取り組みが実を結ぶのに、必要不可欠な役割を果たしてくれたみなさんに、心から感謝を捧げる。

参考文献

・イントロダクション

National Institute of Mental Health (NIMH), The National Institute of Mental Health Information Resource Center. Any Anxiety Disorder. www.nimh.nih.gov/health/statistics/any-anxiety-disorder [Accessed 20 November 2023]

Office for National Statistics (2023), 'Public opinions and social trends, Great Britain: personal well-being and loneliness.'www.ons.gov.uk/peoplepopulationandcommunity/wellbeing/datasets/publicopinionsandsocialtrendsgreatbritainpersonalwellbeingandloneliness [Accessed 20 November 2023]

・STEP2

Bowlby, J. (1958), 'The nature of the child's tie to his mother', International Journal of Psycho-Analysis, 39: 350–373.

Maslow, A.H. (1973), 'A theory of human motivation', in R.J. Lowry (ed.), Dominance, self-esteem, and self-actualization: Germinal papers of H.A. Maslow. Belmont, CA: Wadsworth, pp. 153–173.

Maslow, A.H. (1973), 'A theory of human motivation', in R.J. Lowry(ed.), Dominance, self-esteem, and self-actualization: Germinal papers of H.A. Maslow. Belmont, CA: Wadsworth, pp. 153–173.

・STEP4

Linden, M. and Rutkowski, K. (2013), Hurting Memories and Beneficial Forgetting. Amsterdam: Elsevier.

・STEP5

Brown, B. (2015), Daring Greatly: How the Courage to be Vulnerable Transforms the Way We Live, Love, Parent, and Lead. London: Penguin Books.

Burchard, B. (2021), @BrendonBurchard www.twitter.com/BrendonBurchard/status/1401693297010266112?lang=en [Accessed 29 November 2023]

■著者紹介

ラリタ・スグラニ(Dr. Lalitaa Suglani)

ラリタ・スグラニ博士は、受賞歴を持つ心理学者であり、リーダーシップ・コーチングの指導者としても著名で、国際的に活動する講演者でもある。公衆衛生や医療の分野で17年以上の実務経験を持つ。「どんな分野であれ、人生において長期にわたって成功と幸せを手にするための鍵は、心の中にある」というのがモットー。博士自身も、自己啓発と自己認識を通じて、自分の思考パターンをうまく調整しつつ、内なる声をコントロールして前向きな考え方を身につけ、望むような人生とキャリアを実現させる方法を学んできた。

ホームページ：www.drlalitaa.com

X(旧Twitter)：@drlalitaas

Instagram：@dr.lalitaa

YouTube：@DrLalitaa

TikTok：@dr.lalitaa.psychologist

■訳者紹介

井上大剛(いのうえ・ひろたか)

翻訳者。訳書に『必要なのはゴールだけ──ポテンシャルゾーンの入り方』『完訳版　大きく考える魔法──人生を成功に導く実践ガイド』『初心にかえる入門書──年齢や経験で何事も面倒になった人へ』(いずれもパンローリング)、『DRINK あなたが口にする「飲み物」のウソ・ホント』(白揚社)『WILDERNESS AND RISK 荒ぶる自然と人間をめぐる10のエピソード』(山と渓谷社)、『ウィンストン・チャーチル ヒトラーから世界を救った男』(共訳、KADOKAWA)など。

2025年3月3日 初版第1刷発行

フェニックスシリーズ ⑮⑨

考えすぎる私のあり方
—— 自分とのつながりを確立し、自信を取り戻す

著　者　ラリタ・スグラニ
訳　者　井上大剛
発行者　後藤康徳
発行所　パンローリング株式会社
〒160-0023　東京都新宿区西新宿7-9-18　6階
TEL 03-5386-7391　FAX 03-5386-7393
http://www.panrolling.com/
E-mail　info@panrolling.com
装　丁　パンローリング装丁室
印刷·製本　株式会社シナノ

ISBN978-4-7759-4302-1

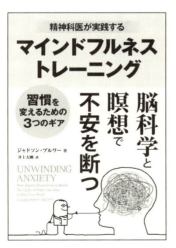

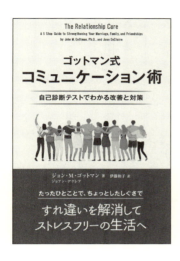

好評発売中

敏感すぎる私の活かし方

エレイン・N・アーロン【著】

定価 本体1,800円+税　ISBN：9784775942376

生きづらさから自らを解き放て

生きにくさを感じがちな過敏で繊細な人びと（HSP）には、天賦の才能が隠されている。そんなHSPが、周囲の人たちの理解を得ながら、より良く生活していくためには、どのように考え行動するといいのだろう。自身もHSPである著者が、幸せになるための考え方を多くの研究や体験を元に紹介する。

ひといちばい敏感な親たち

エレイン・N・アーロン【著】

定価 本体1,800円+税　ISBN：9784775942406

HSP気質の親に向けた、日本初の解説書

共鳴しがちなHSP気質の親にとって何かと難しい子育て。しかし半面、HSPに特有の豊かな感受性は、親としての最も貴重な資質ともなりえる。世界的ベストセラー『敏感すぎる私の活かし方』の著者、エレイン・N・アーロン博士のアドバイスを参考に、余裕をもって子育てに臨むための一冊。

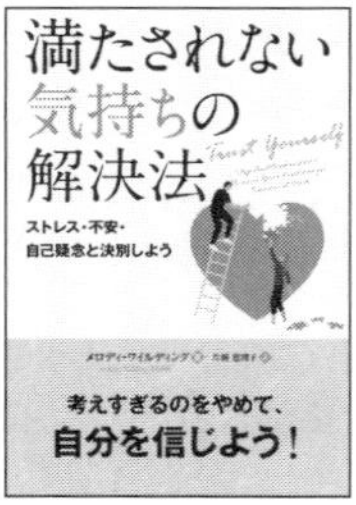

満たされない気持ちの解決法

メロディ・ワイルディング【著】

定価 本体1,800円+税　ISBN:9784775942673

考えすぎるのをやめて、自分を信じよう！

「繊細な努力家」と呼ばれる繊細で上昇志向のある人は、他人の目を気にしすぎ、自分のほんとうの望みを明確にするのが難しいものです。本書を読んで戦略を学び、各章のエクササイズを実践すれば、不安や過度の期待に振り回されることなく、人生をコントロールできるようになる。

内向型を強みにする

マーティ・O・レイニー【著】

定価 本体1,300円+税　ISBN：9784775941157

つきあい下手、考えすぎ、疲れやすい —— 内向的なあなたが長所をいかして堂々と楽しく生きるコツ

「外向型」と「内向型」。このちがいと自分の特性がわかれば、今までのように自分を責めたり、別の人間になろうと思うことなく、ありのままで生きられるだろう。具体的なアドバイスを通して、「内向型」の人がラクに楽しく生きることに大いに役立つはずだ。